PANTHEE, TRAGEDIE, DE. TRISTAN

1639.

PANTHEE,

TRAGEDIE.

DE MONSIEVR DE TRISTAN.

A PARIS,
Chez AVGVSTIN COVRBE', Imprimeur & Libraire de Monſeigneur Frere du Roy, dans la petite Sale du Palais, à la Palme.

M. DC. XXXIX.
AVEC PRIVILEGE DV ROY.

AVERTISSEMENT
A QVI LIT.

A Peine peut-on s'imaginer qu'il y ait assez de matiere en l'auanture de PANTHEE *pour faire deux Actes entiers: c'est vn champ fort estroit & fort sterile, que ie ne pouuois cultiuer qu'ingratement. Aussi n'eust esté quelque secrete raison, i'eusse pris vn plus fauorable Sujet pour donner vne Sœur à* MARIANE. *Veritablement il faut auoüer que nonobstant les auantages que la ieunesse peut donner, l'Aynée a plus de beauté que la Cadette, & qu'il s'en faut quelque chose que cette derniere production de mon Esprit ne merite autant d'applaudissements que la premiere. Aussi pour le confesser ingenument, auec ce que la difference du sujet, met de la difference dans le trauail, l'vn de ces Poëmes fut elabouré dans vn assez tranquille loisir: & l'autre n'a receu ses finissemens que dans les interuales d'vne maladie. Tellement qu'on ne trouuera pas estrange que l'ouurage d'vn homme languissant ait moins de vigueur, que celuy d'vn homme qui se porte bien. Au reste, i'ay creu toutesfois que cette Tragedie ne manqueroit pas d'agreément; & que cette Maistresse auroit des Amans aussi bien que l'autre. Mais elle n'estoit pas née sous vne assez bonne constellation pour respondre à mon Esperance: Elle s'est sentie du funeste coup dont le Theatre du Marest saigne encore; & pris part en la disgrace d'vn Personnage dont elle attendoit vn merueilleux ornement. Il est aysé de deuiner que c'est de l'accident du celebre Mondory, qu'elle a receu du prejudice. Sans mentir, On peut dire que ce n'est pas vn homme vulgaire: Et sans offencer beaucoup d'excellens Comediens qui sont maintenant en reputation, ie puis luy donner de grandes loüanges. Cet Illustre Acteur ne tient point sa gloire du hazard, ou de l'aueuglement des hommes; C'est par de merueilleuses qualitez qu'il a forcé toute la France de rendre iustice à son merite; Et qu'il auroit obtenu de l'Antiquité des Couronnes & des Statuës. Iamais homme ne parut auec plus d'honneur sur la Scene; il s'y fait voir tout plain de la grandeur des passions qu'il represente: Et comme il en est preoccupé luy-mesme, il imprime fortement dans les espris, tous les sentimens qu'il exprime. Les changemens de son visage semblent venir des mouuemens de son cœur: & les iustes muances de sa parole, & la bien-seance de ses actions, forment vn concert admirable qui rauist tous ses spectateurs.*

C'est de ce miraculeux Imitateur, que i'atendois le coloris de cette Peinture: Et c'est celuy qui luy deuoit dõner tout ensemble de la grace & de la vigueur. Sans cette espece d'apoplexie dont il n'est pas encore guery parfaitement, il auroit fait valoir ARASPE aussi bien qu'Herode, & donné de fauorables impressions de cét Ouurage auant qu'il parust sur le papier. Aussi ie te diray, Lecteur, que i'ay presque perdu depuis son mal, la disposition d'esprit que i'auois pour escrire en ce genre Dramatique. Et que n'estoit que Monseïgneur le Cardinal se delasse par fois en l'honneste diuertissement de la Comedie, & que son Eminence me fait l'honneur de me gratifier de ses bien-faits, i'apliquerois peu de mon loisir sur les ouurages de Theatre. C'est vn labeur penible, dont le succeZ est incertain. Et quand mesme on seroit aßeuré d'en obtenir des aplaudißemens & des loüanges, ce seroit beaucoup se trauailler pour ne rien acquerir que du bruit & de la fumée.

AV LECTEVR CRITIQVE.

ECTEVR, si la Fortune auoit soin de ma vie,
Au lieu qu'elle est tousiours contraire aux beaux esprits;
Il m'importeroit peu si les dents de l'Enuie
Osoient insolemment déchirer mes escrits.

Pourtant, à ton abord vn doux espoir me flate,
I'ay fort peu de sçauoir, auec vn mal de rate;
Et par là i'ay besoin d'oüyr tes sentimens.

Car selon ton merite, ou ton insufisance,
Ou ie profiteray de tes enseignemens,
Ou du moins ie riray de ton impertinance.

LES PERSONNAGES.

CIRVS Roy de Perse.

CHRISANTE.
HIDASPE. } Generaux de son Armée.

PANTHEE Reyne de la Suzienne.

ARASPE Fauory de Cirus.

CHARIS
ROXANE } Filles d'honneur de Panthée.

ARTABASE Colonel de Caualerie en l'Armée de Cirus.

MITRANE Amy d'Araspe.

ABRADATE mary de Panthée.

DES SOLDATS.

La Scene est en Lydie.

ARGVMENT
DV
PREMIER ACTE.

1. Cirus se reioüist d'vne victoire qu'il a r'emportée sur les Assyriens : Et s'entretient auec deux Generaux de son Armée, de la desroute des Ennemis, du dessein qu'il fait d'aller assieger Babylone, & de la iustice de ses armes. 2. Panthée vient trouuer Cirus dans sa Tente pour le remercier du bon traittement qu'elle en reçoit, & pour l'asseurer du seruice d'Abradate son mary. 3. Araspe amoureux de Panthée luy donne quelques marques d'vne passion qu'il ne peut luy cacher & qu'il n'ose luy descouurir. 4. Charis apprent de luy sa passion, essaye de le guerir par la raison : & le plaint voyant sa maladie incurable.

PANTHEE.

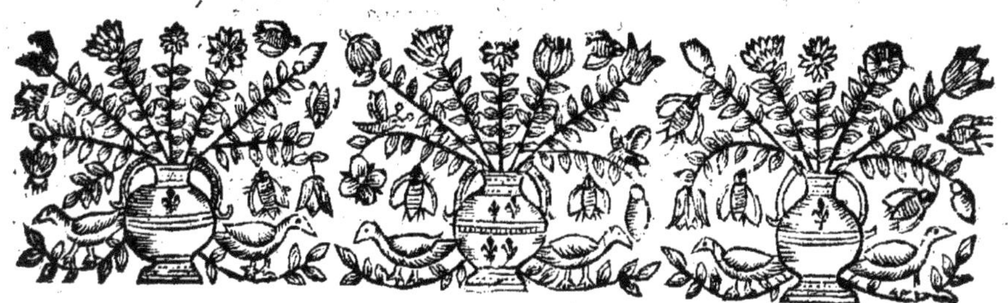

PANTHEE, TRAGEDIE.

ACTE PREMIER

SCENE PREMIERE.

CIRVS. CHRISANTE. HYDASPE.

CIRVS.

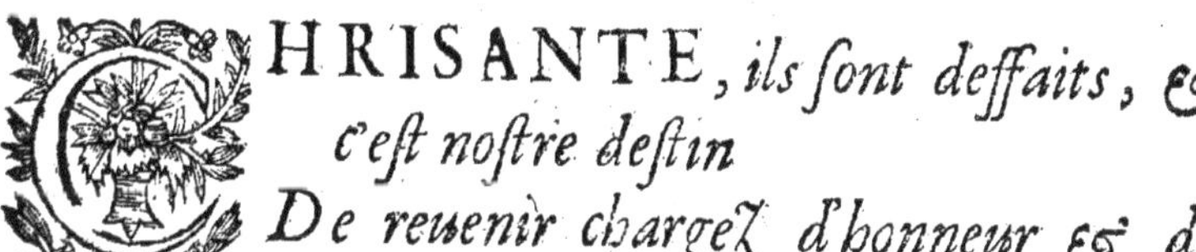

CHRISANTE, *ils ſont deffaits, & c'eſt noſtre deſtin*
De reuenir chargeZ d'honneur & de butin,
Apres auoir dompté cette iniuſte Puiſſance
Qui veut inſolemment opprimer l'innocence.
Les Dieux que ce deſordre auoit mis en couroux,
Ont monſtré clairement qu'ils combattent pour nous,

Et font leur propre fait des armes legitimes,
Qu'on nous void employer au chastiment des crimes.

Les Perses en effet ont paru plus qu'humains,
Lors qu'auec ces grands cris ils sont venus aux mains:
Partout les ennemis troublez de cette audace
Ont pris chacun de nous pour le Dieu de la Thrace.
Ils se sont esbranlez en nous voyant marcher,
Et des traicts infinis qu'ils ont peu decocher
Comme ils se renuersoient les vns dessus les autres;
Ce n'est que par hazard qu'ils ont blessé des nostres.
Que leur Caualerie a plié laschement
Nous voyant auancez dans leur retranchement:
Dans la confusion que l'espouuante apporte,
Les soldats & les chefs se sont troublez de sorte,
Qu'ils se sont separez dés lors également
Et de l'obeissance & du commandement.
S'ils se fussent battus auec plus de courage,
Ils en eussent receu moins de desaduantage:
Car dans cette desroute on peut bien faire estat
Qu'il en est mort vingt fois plus que dans le combat.
Deux Roys à nostre abord combatans en personne
Ont seruy par malheur de victime à Bellonne:
Et cet autre Tyran qui me pensoit brauer
S'est veu honteusement reduit à se sauuer.

CHRISANTHE.

Sire, cette iournee est vrayment memorable,
Et ce dernier succés se peut dire admirable.
Mais außi l'on peut dire auecque verité,
Qu'on en doit tout l'honneur à vostre Maiesté;
Elle a fait le deuoir, & pris toute la peine,
Et d'vn braue Soldat & d'vn grand Capitaine:
Elle a couru par tout où le danger estoit,
Et forcé tous les pas que l'on nous disputoit.

CIRVS.

Que le vieux Astiage en receura de ioye!
Il mourra de plaisir s'il faut qu'il me reuoye.
Mais pour luy tesmoigner parauant ce bon-heur
Combien nos combatans ce sont acquis d'honneur;
Les Lettres que i'escris, s'en vont accompagnees
De Tiares froissez & d'Enseignes gagnees,
Afin que de ma part en superbe appareil
On en dresse vn Trophee au Temple du Soleil,
Et que la Perse voye auec qu'elle furie
Nous auons attaqué les Tyrans d'Aßirie.

Mais nous n'auons rien fait de battre l'ennemy,
Si cet embrasement n'est esteint qu'à demy.
Iusqu'icy nostre peine est vne peine ingrate,
Si portans la terreur iusqu'aux bords de l'Eufrate,

Nous n'alons escheler ces murs audacieux
Que l'orgueil de Nembrot esleua iusqu'aux Cieux.

CHRISANTE.

Sire, dans le bon-heur, ie tiens que la prudence
Doit mesler sagement la crainte à l'esperance,
Respecter la Fortune & ne s'engager pas
Sans quelque deffiance à suiure ses appas.
Cette aueugle Deesse est tousiours infidelle,
On est souuent trompé quand on s'asseure en elle;
Elle a l'esprit leger & le goust depraué,
Et laisse choir souuent ce qu'elle a releué.

Que vostre Maiesté dans ses desseins regarde
Au salut important du Corps qu'elle hazarde.
C'est la fleur de l'Asie: & si par vn malheur
La force & le grand nombre accabloient la valeur,
On verroit aussi tost la Perse & la Medie
Languir d'vne fascheuse & longue maladie;
Et des fers outrageux nous viendroient mestriser,
Que sans quelque miracle on ne pourroit briser.

CIRVS.

Ie sers trop bien les Dieux pour craindre ces disgraces;
I'imite leurs bontez, ie marche sur leurs traces:
C'est leur secret conseil qui me fait mettre aux chams,
Pour conseruer les bons & perdre les meschans.

La Fortune en ſon cours ſuit leur ſainte ordonnance,
Et ſelon leurs decrets regle ſon inconſtance.
Cette Diuinité qui marche ſur les flos,
N'eſt que l'occaſion priſe bien à propos
Lors qu'auec hardieſſe on fait vne entrepriſe,
Et que pour quelque bien le Ciel la fauoriſe.
Il eſt bien mal-aiſé qu'on ne ſoit pas heureux
Quand on fait des deſſeins iuſtes & genereux:
Car lors qu'à nos ſouhaits le Ciel n'eſt pas propice,
Cet obſtacle ne vient que de noſtre iniuſtice.
De moy, ie ne ſuis point vn inſolent vainqueur,
Ie redonne les biens pour acquerir le cœur;
Et fay voir clairement que ie ne fay la guerre
Que pour mieux eſtablir la paix deſſus la Terre:
Ie ne m'attaque point à qui vit iuſtement;
Et quand ie peux punir ie pardonne aiſément.
Ie ne veux de teſmoin que le Roy d'Armenie:
Si i'impoſe des loix auecque tyrannie,
I'ay triomphé deux fois de ce Prince indompté,
L'vne par ma valeur, l'autre par ma bonté:
Mes bien-faits l'ont eſtreint d'vne cheine eternelle,
Changeant la vieille hayne en amitié nouuelle.
Et ie fais à Panthee vn ſi doux traictement,
Qu'Abradate en aura quelque reſſentiment:
Pour peu que ſa Vertu reſponde à ſa naiſſance,
Il m'en teſmoignera de la recognoiſſance;
En quelqu'autre rencontre il s'en reſſentira,
Et chez les eſtrangers ce traict me ſeruira.

HIDASPE.

Quand on vous amena cette belle captiue,
Elle estoit sans mentir aussi morte que viue:
En son visage pasle on n'aperçeuoit pas
Ce qu'il a maintenant de graces & d'apas:
Mais dans cet accident sa peur l'auoit trompée,
Et par vostre bonté sa crainte est dissipée.
O Dieux! qu'elle s'en loüe.

CIRVS.

Hidaspe, c'est ainsi
Que nous deuons traicter: Mais que veut cétuy-cy?

VN GARDE.

C'est la Reyne estrangere.

CIRVS.

Allons au deuant d'elle;
Araspe en m'en parlant me la depeint si belle,
Il parle à l'oreille de Chrisante. *Que ie croirois faillir & beaucoup hazarder*
Si dans cet entretien i'osois la regarder:
Ie crains que le plaisir qu'on treuue en sa presence,
Ne face negliger les choses d'importance.

SCENE DEVXIESME.

PANTHEE. LE GARDE. CIRVS.

PANTHEE.

*VE fait vostre Empereur, ne peut-on pas le voir?*

LE GARDE.

Madame, le voicy qui vient vous receuoir.

CIRVS.

Ne vous affligez pas belle & chaste Panthee,
C'est en femme de Roy que vous serez traictee,
Et le terme absolu de vostre liberté
Dependra desormais de vostre volonté;
Si tost que d'Abradate on aura des nouuelles,
Ie vous feray guider par des troupes fidelles,
Dont l'asseuré conuoy ne vous quittera pas
Qu'il ne vous ait du camp remise entre ses bras.
Cirus ayant sceu vaincre emportera la gloire
D'auoir sceu noblement vser de la victoire;

En vous rendant l'honneur & la ciuilité
Que veulent vostre sexe & vostre qualité.

PANTHEE.

Delices de l'Asie & l'honneur des Monarques,
En qui l'on void des Dieux tant d'immortelles marques:
Prince qu'on peut nommer le plus grãd des humains,
Ie benis ma disgrace estant entre vos mains;
Et ce trait de malheur si doucement s'efface,
Que ie pense faillir en l'appellant disgrace:
Selon que vos bontez me le font esprouuer,
C'est le plus grand bon-heur qui me peust arriuer.
L'accident est bien doux qui me fait reconnaistre
Celuy que mon Seigneur doit choisir pour son maistre;
Et de qui le merite est si grand, qu'auiourd'huy
Tout l'Vniuers encor doit releuer de luy.

CIRVS.

Madame, auec excez vostre bonté me flatte.

PANTHEE.

Seigneur, vostre bonté s'est acquise Abradate;
I'ay depesché des miens pour luy faire sçauoir
Qu'elles sont vos vertus, & quel est son deuoir:
S'il n'a changé d'esprit i'ose bien me promettre
Qu'il viendra vous treuuer ayant receu ma lettre,

Et

Et qu'il vous seruira s'il est autant heureux
Qu'il a tousiours esté fidelle & genereux.

CIRVS.

Madame, ie n'ay point merité cette grace.
Mais pourroit-il quitter le party qu'il embrasse,
Et laisser des voisins pour suiure vn Estranger?
Sa reputation y courroit du danger;
Ie donne à vos propos une entiere creance:
Mais ces grandes faueurs passent mon esperance.

PANTHEE.

Si le Roy d'Aßirie estoit encor viuant,
Ce discours pourroit estre vn propos deceuant:
De luy, son alliance estoit fort souhaitable,
Ce Prince estoit deuot, genereux, equitable,
Tenoit exactement ce qu'il auoit promis,
Et meritoit par là d'auoir beaucoup d'Amis.
Mais ce nouueau Tyran, lasche & cruel ensemble,
Encor qu'il soit son fils, n'a rien qui luy ressemble,
Il est impie, iniuste, insolent & trompeur,
Il ne se fait seruir qu'en donnant de la peur;
Son ame dans le crime est tousiours occupee,
Ce n'est que de la loüe en du sang détrempee.
On ne peut l'aßister sans quelque lascheté,
Et l'on peut le quitter par generosité.
Seigneur, tout à loisir vous pourrez vous instruire
Des soings malicieux qu'il a pris pour me nuire.

CIRVS.

Pour vous nuire, Madame, & de quelle façon?

PANTHEE.

Mettant de mon amour Abradate en ſoupçon:
N'ayant peu m'acquerir par douceur ny par force,
Il s'en voulut vanger en cauſant ce diuorce.

CIRVS.

Cet acte, ſans mentir, fait horreur & pitié,
Vn moindre coup peut rompre vne grande amitié:
I'ay ſceu d'vn Gouuerneur d'vne de ces Prouinces,
Qu'on le pourroit compter entre les mauuais Princes.

PANTHEE.

Ie me doute à peu pres quel eſt ce Gouuerneur,

CIRVS.

C'eſt vn pere affligé:

PANTHEE.

Ie le connoy, Seigneur,
Il n'auoit qu'vn ſeul fils dont il plaint la diſgrace;
Ce Monarque brutal le menant à la chaſſe,
Le trauerſa d'vn dard, par vn jaloux ennuy
De le voir plus diſpos & plus adroit que luy.

CIRVS.

C'est cettuy-là, Madame, & ie ne pouuois croire
Qu'vn Prince eust peu commettre vne action si noire;
Vn Roy doit s'appliquer à de meilleurs objets,
Gouuerner son esprit ainsi que ses sujets;
Et meslant la iustice a des bontez extremes,
En commandant autruy, se commander soy-mesme.

Ie me treuue possible aussi grand terrien
Que le Roy de Lydie & que l'Assirien:
Mais dans vne grandeur assez considerable,
Ie ne fay vanité que d'estre raisonnable;
De reuerer les Dieux, d'aimer mes alliez,
De pardonner à ceux qui se sont oubliez,
Et donner à mon peuple vn assez beau modelle
Pour se rendre deuot, vaillant, sage & fidelle.

Ie connoy la vertu du Roy vostre mary;
Et l'estimant beaucoup, ie serois bien marry
Si nous deuions vn iour deuenir freres d'armes,
Que vous eussiez iamais de matieres de larmes;
Ie vous asseurerois de ne pas negliger
Les soings de vous seruir & de vous proteger.
Mais croyez-vous en fin causer cette alliance?

PANTHEE.

I'en attends la nouuelle auec impatience:

Les Cieux de cet effet, par mes vœux ſont preſſez;
Et de ſi iuſtes vœux ſont poſſible exaucez.
Panthee ſe leue. Mais dans les grands emplois d'vne valeur ſi rare,
Seigneur, de voſtre temps vous deuez eſtre auare.
Auſſi ie ne dois pas en diſcours ennuyeux
Faire en vain conſumer des momens precieux.

CIRVS.

Madame, vos vertus, comme voſtre naiſſance,
Vous donnent où ie ſuis vne entiere puiſſance:
Commandez à mes gens tout ce qu'il vous plaira,
Icy comme dans Suze on vous obeira.
Araſpe, fay touſiours auec vn ſoing extreme
Qu'on reſpecte Madame à l'egal de moy-meſme.

ARASPE.

Sire, on ne ſçauroit voir ce miracle des Cieux
Sans luy rendre auſſi toſt l'honneur qu'on doit aux
Dieux.

SCENE TROISIESME.

CIRVS. CHRISANTE. HIDASPE.

CIRVS.

IL en peut bien parler auec beaucoup d'estime,
Céte grande loüange est vrayment legitime.
Nous ne fismes iamais vn plus riche butin.
S'il faut que son mary suiue nostre destin;
Nous y rencontrerions l'vtile & l'honorable;
Et ce seroit pour faire vn progrez admirable.
Mais ie ne puis penser qu'estant homme de cœur,
Il quitte le vaincu pour suiure le vainqueur:
En cette occasion, ce seroit la pensee,
D'vne ame fort legere, ou fort interessee,
Quelque raison qu'on ait, on est dans le mespris
Lors que l'on abandonne vn party qu'on a pris.

HIDASPE.

Sire, quand le despit s'empare de nostre ame,
Nous mettons en oubly la loüange & le blasme;

Et ſans aucun égard de honte ou de danger,
Tous nos raiſonnemens tendent à nous vanger.
Abradate offencé par cet indigne Prince,
Qui d'vn joug tyrannique oprime ſa Prouince,
Croit peut-eſtre auiourd'huy s'en pouuoir ſeparer
Sans courre de hazard de ſe deshonorer.

CIRVS.

Hidaſpe, il ſe peut faire, & des Dieux bons & ſages
Nous pouuons eſperer de plus grands aduantages.
Mais alons voir le camp de l'vn à l'autre bout,
Viſiter les cartiers, & donner ordre à tout.

SCENE
QVATRIESME.

PANTHEE. ARASPE. CHARIS. ROXANE.

PANTHEE.

POVR voir le plus grand Roy que le Ciel ait fait naiſtre,
Il faut porter les yeux ſur le Roy noſtre maiſtre;
De tous ceux que l'on tient pour images des Dieux,
C'eſt le viuant portraict qui reſſemble le mieux.

ARASPE.

Et pour voir vne Reyne en vertus sans pareille,
Qu'on peut auec raison nommer vne merueille:
Pour l'excellent esprit & la rare beauté
Il faut porter les yeux sur vostre Majesté.

PANTHEE.

Cette comparaison assez mal assortie,
Blessant la verité choque ma modestie:
Cirus est vn miracle en rares qualitez,
Qu'on ne doit comparer qu'à des Diuinitez.

ARASPE.

Madame, dans ce rang vous pourriez prendre place

PANTHEE.

Vous voulez me flattant adoucir ma disgrace,
C'est en continuant vos soings accoustumez,
Auec beaucoup d'esprit monstrer que vous m'aymez.

ARASPE.

On ne peut rien aymer qui soit plus adorable.

PANTHEE.

De cette affection ie vous suis redeuable;
Cirus n'eust peu me faire vn traitement si doux,
En me donnant en garde à tout autre qu'à vous.

Mais tousiours vos respects, vos soins, & vostre ad-
dresse,
Ne desguisant mes maux consolent ma tristesse;
Aucun autre des siens n'auroit eu la bonté
De me laisser si libre en ma captiuité.

ARASPE.

Hé! Madame, cessez.

PANTHEE.

Si i'en ay la puissance,
Vous ne vous plaindrez pas de ma reconnoissance,
Vous pourrez employer Abradate.

ARASPE.

O grands Dieux!
Que ce nom m'est fatal, & qu'il m'est odieux!

PANTHEE.

Quel accident soudain change nostre visage?
C'est de quelque recheute un asseuré presage;
Apres auoir esté malade extremement,
Vous ne deuiez iamais sortir si promptement.

ARASPE.

La mort s'en va bien tost punir mon imprudence!

PANTHEE.

Charis, qu'on le secoure, il tombe en defaillance:

Ie ne puis voir ſon mal ſans en auoir pitié.

ARASPE.

O traict, pour mon malheur, trop doux de la moitié!

ROXANE.

Le cœur vous fait-il mal?

ARASPE.

Roxane, c'eſt ma peine:

CHARIS.

Ie demeure auec luy, ſuiuez vn peu la Reyne,
Et renuoyez quelqu'vn pour en auoir du ſoin.

ARASPE.

N'en prenez pas la peine, il n'en eſt plus beſoin:
Où pourroit-on trouuer deux compagnes fidelles,
Qui fuſſent plus que vous, ny courtoiſes, ny belles?
Les Graces dans le Ciel ſont vn moindre ornement,
Et vous ne leur cedez qu'en nombre ſeulement.
Auſſi le Sort vous mit aupres d'vne maiſtreſſe,
Qu'on ne peut eſtimer moindre qu'vne Deeſſe;
Que ſes yeux ont d'eſclat, que ſon viſage eſt doux:
O Dieux qu'elle a d'appas!

CHARIS.

Elle en a trop pour vous:

Vn vermeillon se mesle à vostre couleur blesme;
Vous pourriez bien l'aymer.

ARASPE.

Il est vray que ie l'ayme;
Celuy qui la peut voir sans auoir de l'amour,
Est indigne de voir la lumiere du iour,
Sous vn visage d'homme il porte vn cœur de marbre,
Et n'a pas plus de sens qu'vn rocher ou qu'vn arbre.

CHARIS.

En fin vous l'aymez dont, il faut le confesser?

ARASPE.

Ouy, mais c'est d'vn amour qui ne peut l'offencer:
C'est d'vne saincte ardeur, bien qu'elle soit extreme,
Qui ne sera iamais nuisible qu'à moy-mesme.

CHARIS.

I'ay regret de vous voir dans cette passion;
Asseurez-vous par là de ma discretion.

ARASPE.

S'il faut que la Nature en l'air d'vn beau visage,
De la grandeur de l'ame exprime vn tesmoignage,
Qu'on puisse du dedans iuger par le dehors,
Et qu'vn Esprit bien fait n'habite qu'vn beau corps

Charis eſt vne noble & diuine perſonne,
Elle a des ſentimens dignes d'vne Couronne;
Et ce que la Fortune a de proſperitez
Ne ſçauroit eſgaller ſes rares qualitez.

Ie croy que pour tout l'or des Princes de Lydie,
Vous ne commettriez pas la moindre perfidie:
Que c'eſt ſans intereſt lors que vous obligez,
Et que voſtre faueur eſt pour les affligez.
C'eſt à vous ſeule auſſi que ie fay confidence,
Et de mon infortune, & de mon imprudence.

CHARIS.

Araſpe pour auoir plus de contentement,
Ne vous obſtinez pas d'aymer ſi hautement,
Il faut regler ſon vol: car lors que l'on s'égare
On a le plus ſouuent la fortune d'Icare,
On ne peut ſans peril approcher d'vn Soleil.

ARASPE.

Helas! ie ne ſçaurois ſuiure voſtre conſeil,
Vn deſtin tout-puiſſant, vne inuincible Eſtoile
Aux yeux de ma Raiſon attache vn ſombre voile.
Ie ſçay bien que ie ſers vne ingrate Beauté,
Et qu'aymant ſans eſpoir i'ay des feux ſans clarté.
Ah! le cœur me ſouleue en penſant à ſes charmes;
Permettez que ie donne vn cours libre à mes larmes,

Et cognoiſſant le mal qui cauſe mon treſpas,
En plaignant mon malheur ne le diuulguez pas.

CHARIS.

N'en ayez point de peur, ie plains voſtre auanture,
Et veux auecques vous cacher voſtre bleſſure.

ARASPE.

Suiuez vos ſentimens;

CHARIS.

Ils ſont trop genereux,
Pour me faire attacher au ſort d'vn malheureux.
Mais a qui vous eſtime, il ſeroit deſirable
Que ce mal ſi cruel ne fuſt pas incurable.

Fin du premier Acte.

ARGVMENT DV SECOND ACTE.

1. Araſpe s'entretient dans vne ſolitude des violences de ſa paſſion, & voyant venir Panthée à la promenade fait ſemblant d'eſcrire ſur des tablettes. 2. Panthée parle à Charis de l'impatience qu'elle a de revoir Abradate ; Et luy fait le recit d'vn ſonge qui l'eſpouuente ; Charis la conſole de cét ennuy, & toutes deux aperçoiuent Araſpe eſcriuant. 3. Panthée luy donne lieu ſans y penſer de luy deſcouurir ſon Amour, puis s'en offenſe ; proteſte de s'en plaindre, & laiſſe Araſpe au deſeſpoir.

ACTE II.

SCENE PREMIERE.

ARASPE.

HOSTES du silence & de l'ombre,
Où l'air est si frais & si sombre:
Arbres qui cognoissez l'estat de ma langueur,
Soyez les confidents des peines que i'endure,
Et souffrez que ie graue en vostre escorce dure
Le beau nom que l'Amour a graué dans mon cœur.

Amour, ce Conseiller perfide,
Ce ieune aueugle qui me guide,
A causé tous les maux qui me font soûpirer;
Il a porté mon Ame à suiure ses caprices,
Et la conduite en fin parmy des precipices,
D'où iamais ma raison ne peût la retirer.

Il m'a fait obseruer les charmes
D'vne Reyne fondante en larmes.
Et qui pourroit du Ciel tous les Decrets changer.
O qu'elle est redoutable encore qu'elle pleure!
Qui peut voir ses beaux yeux sans mourir tout à l'heure,
Peut voir des Basilics sans crainte & sans danger.

Ses yeux, ces lumieres fatales,
Sont des Planettes sans égales,
Qui peuuent à leur gré disposer de mon sort.
Mais ô simplicité qui n'a point de seconde!
En nommãt ses beaux yeux les plus beaux du mõde,
Ie louë innocemment les Autheurs de ma mort.

Helas! ie suis si miserable
En l'estat triste & deplorable
Où d'abord m'a reduit l'esclat de ses beaux yeux;
Et tant d'ennuis secrets me font tousiours la guerre,
Que le temps qui me reste à viure sur la Terre
Ne me sçauroit suffire à me plaindre des Cieux.

Depuis la fatale iournée
Que l'Amour & la Destinée
Offrirent à ma veuë vn chef-d'œuure si beau,
I'ay tousiours soûpiré d'vn mal inconsolable;
Et n'ay peu conceuoir de penser raisonnable
Qui ne m'ait conseillé de courir au Tombeau.

O qu'elle est ingrate & cruelle,
A l'heure que i'eus pitié d'elle,
Voyant ses bras captifs sous de honteux liens,
I'alay tarir ses pleurs; elle me mit en flame;
Ie rassuray son cœur, elle troubla mon ame,
Et me donna des fers quand ie rompis les siens.

Mes soins, ny ma perseuerance,
Ne me donnent point d'esperance
Que iamais sa pitié recompense ma foy:
Mais quel bien manqueroit au bon-heur de ma vie;
Et quels Roys glorieux me pourroient faire enuie,
Si ce diuin Objet auoit pitié de moy?

O friuoles discours, paroles insensées,
Abradate est l'objet de toutes ses pensées:
C'est luy que la Fortune auec trop de rigueur
A placé dans son lict, & graué dans son cœur:
C'est son esloignement qui la rend triste & blesme;
C'est luy qui la possede en son absence mesme:
Et c'est la seule amour que son cœur conseruera;
Au moins autant de temps qu'Abradate viura.

Ennemy de mon bien, obstacle de ma joye,
Que le Sort enrichit d'vne si belle proye,
Où te retire-tu? ie veux t'aller chercher,
Et l'espée à la main te la faire lascher:

Ie ne puis encourir de honte ny de blasme,
Si i'arrache le cœur a qui vole mon ame;
Aura-t'il sans peril mis ma vie en danger?
Et faut-il que ie meure ainsi sans me vanger?
Mais ô dereglement du mal qui me tourmente!
Panthée est à la fois sa femme & son Amante,
Et pensant par sa mort adoucir mon ennuy,
I'attenterois sur elle entreprenant sur luy;
Ie me perdrois moy-mesme, & i'yrois par les armes
Confondre en ce malheur mon sang auec ses larmes.
Si l'Hymen seulement s'oposoit à mon bien,
Il me seroit aisé de rompre son lien;
Mais l'inuincible Amour qui joint leurs cœurs ensemble,
Ne permettra iamais que rien les des-assemble.
Dieux! ie la voy venir auec tous mes plaisirs,
Cet objet dans mon cœur redouble mes desirs,
Amour, diuin Autheur de mes impatiences,
Toy qui passes pour Maistre en toutes les sciences,
Inspire moy de grace, & me fais inuenter
Vn secret pour luy plaire & pour me contenter, Il tire des Tablettes.
Voicy dequoy produire vn subtil artifice,
Amour, il vient de toy, fay donc qu'il reüssisse.

SCENE DEVXIESME.

PANTHEE, CHARIS.

PANTHEE.

CHaris, console moy dans mes secrets tourmens,
Et ne me cele point quels sont tes sentimens;
Pense-tu qu'auiourd'huy mon Abradate arriue?
Et s'il sejourne plus, pense-tu que ie viue?

CHARIS.

Madame, il ne sçauroit retarder plus d'vn iour.

PANTHEE.

Tu dis vn iour Charis? c'est trop pour mon amour
Tu sçais qu'auec excez le Ciel me persecute
Quand i'en suis separee vne seule minutte,

Et tu me dis vn iour? Ah! tu ne pense pas
De combien cette absence auance mon trespas,
Et qu'infailliblement il faudra que ie meure,
Si pour me consoler il ne vient dans vne heure.
O Dieux! si tu sçauois ce que c'est que d'aymer,
Quand d'vn feu legitime on se sent enflamer,
Et que la raison suit l'instinc de la Nature;
Tu cognoistrois bien mieux la peine que i'endure.
Tu sçaurois si le Sort afflige au dernier point
Lors qu'on ayme vn objet, & qu'on ne le void point;
Et blasmerois bien fort les dures tirannies
Qui separent les corps de deux Ames vnies.

CHARIS.

Madame, si mes vœux pouuoient estre exaucez,
I'espargnerois beaucoup des pleurs que vous versez,
Exempte des ennuis que le Ciel vous enuoye,
Vous n'en respendriez plus si ce n'estoit de joye.
Mais vostre Majesté deuroit moins s'affliger
Ayant auec tant d'heur surmonté le danger:
Elle offence les Dieux auec ses deffiances,
Et nuit à sa santé par ses impatiences.
La tristesse & la peur troublent les matelots
Quand les vents mutinez font sousleuer les flots,
Et que malgré leur art, les vagues orgueilleuses
Font prendre à leurs vaisseaux des routes perilleuses:
Mais si tost que Neptune esmeu du mauuais temps,
Remet en leur deuoir ses subjets inconstans,

Dés lors des nauigeans qui craignoient le naufrage,
La frayeur se dissipe aussi tost que l'orage.
Vous seule hors du peril craignez le mauuais sort.

PANTHEE.

Charis, le plus souuent on fait naufrage au port:
Et l'aueugle fortune auecque trop d'empire,
Preside sur l'estat du bon-heur où i'aspire.
Puis i'apprehende fort les maux que me predit
Vn songe dont l'effroy rend mon sens interdit.

Le Soleil poursuiuant la nuict aux voiles sombres,
A coups de traits dorez auoit chassé les ombres;
Et les petits oyseaux que reueille l'amour
Celebroient en chantant la naissance du iour
Lors que ce songe affreux dont l'horreur m'espouuãte
M'a fait voir d'Abradate vne image viuante.

De ses vaines couleurs il me la si bien peint,
Que i'ay creu voir sa taille & ses yeux & son teint,
Le vray ton de sa voix a frapé mon oreille,
Son visage estoit gay, sa bouche estoit vermeille,
Du bien de me reuoir il rendoit graces aux Dieux,
Et son contentement se lisoit dans ses yeux.
Mais comme ie goustois cette douceur extreme,
Ie l'ay veu tout à coup triste, sanglant, & blesme,
Le harnois éclatant qu'il auoit endossé
De mille estranges coups me sembloit tout percé;

D'vne voix languiſſante, & d'vne bouche morte,
Cette ombre de mon bien m'a parlé de la ſorte.

» *Ceſſe de te flatter d'vn eſpoir deceuant;*
» *Mes iours ſont acheuez, ie ne ſuis plus viuant,*
» *Et ton ame occupee à tant de ſacrifices,*
» *Ne peut pour mon ſalut rendre les Dieux propices.*
» *Mars qui dans les combats enuioit ma valeur,*
» *M'offrit par jalouſie en victime au malheur.*
» *Mais puis que ie ſuis mort auec aſſez de gloire,*
» *Fay que touſiours au moins ie viue en ta memoire.*

Lors le cœur tout tranſi i'ay couru l'embraſſer,
Mais d'vn baiſer ſi froid il m'eſt venu glacer,
Que par vn grand effort i'ay rompu tous ces charmes,
M'eueillant en ſurſaut les yeux couuerts de larmes.

C'eſt ce qui m'inquiete, & qui me vient troubler,
Qui cauſe mes ſouſpirs, & qui me fais trembler:
Mais Charis, que dis-tu de ce funeſte ſonge?

CHARIS.

Ie dis que ce n'eſt rien qu'vn deſplaiſant menſonge.
Madame, voſtre eſprit s'entretient tout le iour
Des malheurs que peut craindre vne fidelle amour
Lors qu'aymant vn objet auecque violence,
On ſouffre pour long-temps les rigueurs de l'abſence.

C'est la malignité de ces impressions
Qui vous a fait auoir ces noires visions:
Mais ne vous troublez point de ces tristes mensonges;
Et pour n'auoir la nuict que d'agreables songes,
Banissant la tristesse, ordonnez à vos sens
De vous entretenir d'objets diuertissans:
S'en est le vray secret:

PANTHEE.

Charis, ie te veux croire:
Mais quoy, tousiours ce songe occupe ma memoire.

CHARIS.

Vous plaist-il de tourner vers ces arbres couuers
Qui gardent la fraischeur sous leurs feüillages vers?

PANTHEE.

Allons:

CHARIS.

Ie voy par terre vn homme qui repose.

PANTHEE.

Il ne repose point, il escrit quelque chose.

CHARIS.

Madame, c'est Araspe, ou mon œil me deçoit:

PANTHEE.

Passons derriere luy: mais il nous apperçoit.

SCENE TROISIESME.

PANTHEE, ARASPE, CHARIS.

PANTHEE.

Q V'est-ce qu'escrit Araspe en cette solitude?

ARASPE.

Madame, c'est vn lieu dont ie fais mon estude;
I'y viens de composer en faueur d'vn Amant
De qui la passion me touche tendrement.

PANTHEE.

C'est vn Amant possible absent de sa Maistresse?

ARASPE.

C'est vn homme accablé de l'ennuy qui le presse;
Il adore vn objet aussi beau que le iour,
Et n'a iamais osé luy dire son amour.

PANTHEE.

Sans doute ce respect le rendra plus aymable:

ARASPE.

Madame, ce respect la rendu miserable,
Et c'est sur ce subiet que i'ay fait vn discours,
Dont les raisonnemens viennent à son secours,
Representans l'ardeur de ses flames secrettes:

PANTHEE.

Ie vous l'ay veu tantost escrire en ces Tablettes;
Ie ne veux pas pourtant demander à les voir.

ARASPE.

Madame, commandez, vous auez tout pouuoir:
Mais icy i'ay tracé d'vn mauuais caractere
Et fort confusément, cet amoureux mystere.

Il est

Il est vray que par cœur i'ay peu le retenir.

PANTHEE.

Vous auriez trop de peine à vous en souuenir.

ARASPE.

Madame, nullement: mais puis que l'Eloquence
A beaucoup d'ornemens qui sont de consequence,
Afin que ce discours face mieux son effet,
Ie le vay reciter ainsi que ie l'ay fait.
Vous sçauez que pour rendre vn discours agreable,
Auec le ton de voix le geste est desirable.
Mais ie seray contraint le recitant trop bas.

PANTHEE.

Nullement, parlez haut, Charis n'escoute pas.

ARASPE.

Ie ne celeray plus l'extreme violence
Qui paroist en mes yeux, & parle en mon silence,
Que le cours de mes pleurs vous a peu figurer,
Et dont mes longs souspirs vous doiuent asseurer.
Madame, ie vous ayme; ô Cieux! le teint vous change
A la confession de cette erreur estrange,
Et l'insolent aueu d'vn crime sans pareil,
Pour ma confusion fait rougir vn Soleil.

Mais l'ombre de ma mort fust-elle en ce nuage
Qui trouble l'air ſerain de voſtre beau viſage,
Et l'eſclair que vos yeux me viennent d'enuoyer
Ne fuſt-il allumé que pour me foudroyer.

Ie ne puis me deſdire en ce peril extreme,
Ie ne puis le celer, Madame; ie vous ayme,
Et i'ayme mieux mourir adorant vos appas,
Que me rendre immortel ne les adorant pas.

Ie ſçay que voſtre race aux Aſtres eſleuee
Void ſa gloire fameuſe en cent marbres grauee,
Et que peu de Heros nous ſont repreſentez
Qu'on puiſſe comparer à ceux dont vous ſortez:
Ainſi mon vol hautain attend vn ſort funeſte,
Ie ſuis comme Ixion dans le Palais celeſte;
N'eſtant rien qu'vn mortel, i'oſe porter les yeux
Deſſus vne Beauté qui vient du ſang des Dieux.
Mais ſi de la clemence autant que du viſage
Vous reſſemblez aux Dieux dont vous eſtes l'image,
Quelque ſoudain deſpit qui vous vienne embraſer,
Mon malheur trouuera dequoy vous appaiſer.
Vous plaindrez vn effet dont vous eſtes la cauſe,
Et direz qu'en faiſant ce que le Ciel impoſe
Par la neceßité d'vn arreſt tout-puiſſant,
On peut commettre vn crime & reſter innocent.

Helas! quand ie vous veids, ô bon-heur trop fragile!
Ie viuois tout à moy, i'auois l'esprit tranquille,
Et ne me proposois en cest estat heureux
Ny rien de mal-aysé, ny rien de dangereux;
La raison dans mon ame estendoit sa puissance,
Et treuuoit en mes sens beaucoup d'obeïssance.
Mais vos rares beautez ne mirent qu'vn moment
A troubler la douceur de son gouuernement;
Elles veinrent changer tout mon bon-heur en rage,
Mes plaisirs en tourmens, ma bonace en orage,
Et d'vn des plus contans qui parussent au iour,
Firent par vn prodige vn martyr de l'Amour.

Ie ne me rendis pas sans quelque resistance;
Mon iugement s'esmeut & se mit en deffence,
Opposant à ce mal qui fut desesperé,
Tout ce que sçait l'esprit le plus consideré.

Mais comme dans l'enclos d'vne ville surprise
Où l'ennemy prend place où la flame est éprise,
Les tristes habitans que l'horreur vient troubler,
En cette extremité ne peuuent s'assembler,
L'allarme vient trop tard, en vain l'on s'éuertuë,
Le vainqueur est par tout qui rauage & qui tuë;
Et du peuple effrayé le plus pressant soucy,
Est de sauuer sa vie en luy criant mercy.

Ainsi quand vostre image entra dans ma pensée,
Qui par tant de beaux traits fut aussitost forcée,
La solide froideur du plus sage discours
Ne luy sceut apporter qu'vn debile discours.
Arbres vous le sçauez, tesmoignez à Madame
De combien de raisons ie combatis ma flame;
Et comme sa beauté troubla mes sentimens,
Et triompha tousiours de mes raisonnemens.
Des pleurs que i'ay versez rendez-luy tesmoignage,
Dites-luy de quels cris i'ay percé ce bocage:
Et comme m'obstinant contre mes propres vœux,
I'en ay batu ma teste & tiré mes cheueux.
Dites-luy de quel soin i'ay cherché du remede
Aux violents assauts du mal qui me possede;
Reclamant ciel & terre en cette auersité,
Et comme tout cela ne m'a point profité.

Apres ce long recit, ô belle & sage Reyne,
Si ma fidelle amour merite vostre hayne,
Ie tiens tous mes deuoirs pour vne trahison,
Et ma mort sur le champ vous en fera raison.
Mais s'il faut que mon zele excuse mon audace,
Et qu'en vostre pitié ie treuue quelque place;
Ie vous rendray seruice auec tant de respect
Que iamais mon amour n'aura rien de suspect:
O diuine Beauté! pourueu que ie vous voye
Ie ne demande point de plus parfaite ioye;

Ie ne veux qu'obseruer vos celestes appas,
Ie ne veux que baiser les marques de vos pas.

PANTHEE se leuant.

I'escoutois ce discours comme vne raillerie,
Mais s'il s'adresse à moy cessez-le ie vous prie:
A moy? parler d'amour? vous vous estes mespris,
Moy? vous perdez le sens, reprenez vos esprits;
Ie serois le sujet de vos flames secrettes?
Sçauez-vous qui ie suis, songez-vous qui vous estes:
Quoy? vous ne respectez dans cette passion
Ny mes chastes amours, ny ma condition?

ARASPE.

Ie sçay que pour atteindre au bon-heur où i'aspire,
Il faut tenir au moins les resnes d'vn Empire:
Mais le deffaut d'vn sceptre est vn empeschement,
Que ma fidelle amour pourroit vaincre aisément.
Cirus comme il luy plaist esleue les personnes,
Il dispense à son gré les fers & les couronnes.
Et de tant de faueur il daigne m'honorer
Que d'vn Maistre si grand ie puis tout esperer.

PANTHEE.

Comment? vn temeraire aura donc eu l'audace
De me parler ainsi sans perir sur la place?
Ah! ce trait insolent m'offense au dernier point,
Et ie croy que Cirus ne l'approuuera point:

Il a tant de vertu qu'il m'en fera iustice,
Il faut que de ce pas Charis l'en aduertisse,
Charis,

CHARIS.

Que vous plaist-il Madame ?

PANTHEE.

Suiuez moy.

ARASPE seul.

Voila donc tout le prix que remporte ma foy?
I'ay donc de tant de pleurs fait hõmage à tes charmes
Pour n'en recueillir rien que des sujets de larmes.
Barbare, me traicter auec tant de rigueur?
Ie t'ay donc offensée en te donnant mon cœur:
C'est par là que ta hayne à ma perte s'attache,
Pour le receuoir mieux tu veux qu'on me l'arrache.
Puis qu'il ne te plaist pas de l'auoir autrement,
Ie le veux bien ainsi pour ton contentement.
Va rends moy criminel, contente ton enuie,
Fay qu'on m'oste à la fois, & l'honneur & la vie.
Interesse Cirus en ton inimitié,
Et me rends par ta plainte indigne de pitié.
Dis-luy que mes forfaits n'ont iamais eu d'exẽples,
Que ma main sacrilege a saccagé des Temples;
Et que dans mille excés mes actes odieux,
Ont esmeu contre moy les hommes & les Dieux.

De quelque estrange fait dont ta bouche m'accuse
Ie n'y chercheray point de raison ny d'excuse;
Et me priuant du iour, la cholere du Roy
Me fera mille fois plus de faueur que toy:
Quand la mort m'aura mis hors de ta seruitude
I'en seray redeuable à ton ingratitude.
Ie t'ay donc offensée en voüant à tes yeux
Ce vif & clair rayon que i'ay receu des Cieux?
En te faisant vn don de cette Ame immortelle
Qui fut pour t'adorer à soy-mesme infidelle.
Qui laissant son bonheur pour cherir ta prison,
Se rendit indocile aux loix de la raison:
Et qui determiné à cette erreur extresme
Vit encor plus en toy que non pas en moy-mesme?
Ce traict digne de hayne & de ressentiment,
A merité sans doute vn cruel chastiment:
Cét affront est sanglant, cette atteinte est sensible,
Ne la pardonne point, elle est irremissible.
Vous deuant qui son crime est si lasche & si noir,
Tesmoins de son orgueil & de mon desespoir,
Dieux! si vostre equité ne manque de puissance;
Punissez sur le champ cette mescognoissance;
A des cœurs moins ingrats vous auez fait sentir
D'vn indigne mespris vn iuste repentir;
Vous les auez cachez sous l'escorce des arbres,
Vous en auez formé des rochers & des marbres;
Monstrez vostre iustice à vanger mon trespas,
Ne luy pardonnez point: mais ne l'affligez pas,

Ou si vous l'affligez, ne faites donc répandre
Des pleurs à ses beaux yeux que sur ma triste cendre:
S'il faut que ma disgrace esmeuue vos bontez,
Agissez seulement contre ses cruautez;
Ne la transformez point en vne autre nature,
Qu'elle change d'humeur, & non pas de figure.
Mais ô diuers transports de mes pensers errans!
O desordre confus de desseins differens!
Ie deteste son nom, ie la hay, ie l'abhorre,
Ie la fuy, ie la crains, & si ie l'ayme encore.
Ie sens mon feu s'esteindre, & puis se rallumer,
Ie ne la puis haïr, ie ne la puis aymer,
Ie sçay qu'elle est ingrate, & ie la treuue belle,
Qu'elle est mon ennemie, & si ie suis pour elle,
Il faut pour satisfaire à la rigueur du sort
Guerir de tant de maux par vne seule mort.

Fin du second Acte.

ARGVMENT

ARGVMENT
DV
TROISIESME ACTE.

1. Panthée qui s'est plainte à Cirus du peu de respect d'Araspe, en parle encore à Charis; qui par vn mouuement que luy donne la pitié; essaye adroitement d'excuser Araspe, & mesme de porter sa Maistresse à demander sa grace. 2. Là dessus on luy vient dire qu'il y a vn Courrier en sa Tente qui luy apporte des nouuelles de son mary. 3. Araspe est auerty de la cholere de Cirus; mais estant desesperé de la rigueur de Panthée, il se propose d'attendre constamment la mort qui semble luy estre preparée. 4. Cirus tance Araspe, qu'il treuue resolu à perdre la vie auec ses bonnes graces plustost que de se repentir de son Amour: Panthée arriue là-dessus, pour monstrer à Cirus vne lettre qu'elle a receuë d'Abradate, & l'auertir de sa venuë. 6. Elle demande la grace d'Araspe en faueur de ces bonnes nouuelles, & l'obtient.

ACTE III.

SCENE PREMIERE.

PANTHEE, CHARIS.

PANTHEE.

Haris, cét insolent me parler de la sorte?

CHARIS.

Madame il est perdu;

PANTHEE.

Qu'il meure, il ne m'importe.
Il n'a pas redouté que sa faueur cessast,
Ny qu'il fust mal traicté, pourueu qu'il m'offençeast.

N'a-t'il pas entrepris l'insolent & le traistre,
D'agrauer mes malheurs en despit de son maistre?
Quel supplice si grand pourroit estre inuenté
Qui n'eust trop de douceur pour sa temerité?

CHARIS.

Est-il pour vn Amant vn plus cruel martire
Que de n'obtenir pas les choses qu'il desire?
Et puis qu'il est ainsi que l'on pardonne aux fous,
Araspe est insensé, de qui vous plaignez-vous?
Vn homme à qui les maux sont de cheres delices,
Qui treuue à souspirer ses plus doux exercices.
Et s'obstine tousiours contre sa guerison,
Madame, à vostre auis, a t'il de la raison?
Et n'exercez-vous pas vne rigueur extréme,
Si vous voulez qu'il meure à cause qu'il vous ayme?
Certes ce proceder si vous y pensiez bien,
Vous sembleroit estrange autant comme le sien;
Et vous feroit quitter ce desir de vengeance,
Pour traicter son erreur auec plus d'indulgence.
S'il n'eust pris de l'amour pour vostre Majesté
Eust-il peu souspirer pour quelque autre Beauté?
Voyez vostre Miroir pour iuger de son crime,
Il fournira pour luy d'excuse legitime;
Et vous descouurira par mille apas diuers,
Qu'il pourroit pour complice auoir tout l'vniuers.
„ Vne Beauté parfaite est vne tyrannie
„ Dont ne peut s'affranchir le plus ferme Genie;

„ Elle embrase les Dieux, tout cede à son pouuoir;
„ Et pour ne l'aymer pas il ne faut pas la voir.
C'est le malheur d'Araspe, en voila l'origine,
On le fit gardien d'vne Beauté diuine :
Et son cœur qui soudain se sentit enflamer
N'eut rien d'assez puissant pour s'empescher d'aimer.
Vous direz que pressé d'vne ardeur sans mesure
Il a trop entrepris descouurant sa blessure.
Ayant perdu le sens, il a fait l'insensé;
En cela vostre honneur est-il interessé?

PANTHEE.

En aucune façon pourueu qu'on le punisse.

CHARIS.

On ne peut le punir qu'à vostre preiudice :
Faut-il que le bruit coure en la bouche de tous
Que vous ayāt aimée vn homme est mort pour vous?
Madame, vous sçauez que par la Renommée
La femme la plus chaste est par fois diffamée:
Ce Fantosme indiscret, ce Monstre inquieté,
Qui confond le mensonge auec la verité;
En diuulgant vn bruit qu'aura semé l'enuie,
Tachera bien souuent vne innocente vie.
Par là de mille objets remplis de chasteté
L'honneur se rend suspect à la Posterité.
„ Les plus sages du temps iamais ne se hazardent
„ A donner de l'esclat aux bruits qui les regardent;

„ Aymans mieux estouffer leurs mescontentemens,
„ Que d'en faire à leur dam des esclaircissemens.
„ Que peut dire Abradate arriuant dans l'armée
„ S'il sçait qu'Araspe meurt pour vous auoir aimée?
Ie cognoy son humeur & que pour vostre bien
Il est aduantageux qu'il n'en aprenne rien.

PANTHEE.

Araspe en sera quitte en changeant de demeure.

CHARIS.

Madame nullement, ie crains fort qu'il ne meure,
Sans doute il vous feroit plus de pitié qu'à moy
Si vous sçauiez l'estat où i'ay laißé le Roy:
Car vostre Ame où l'on void des bontez adorables
Compatist aisément au sort des miserables.
Cirus ne fut iamais si troublé qu'auiourdhuy;
Malgré cette vertu que l'on admire en luy,
Quand i'ay de vostre part fait ce triste message,
L'excés de la cholere a troublé son visage:
Il n'a peu s'empescher de iurer hautement
Qu'Araspe en receuroit le iuste chastiment.
Madame, employez-vous à destourner la foudre
Qui pour vous contenter le va reduire en poudre.
Tout le camp en auroit de sensibles douleurs;
Ne luy fournissez point ces matieres de pleurs.

C'est assez que ce coup ait menacé sa teste;
Ayant esmeu les flots appaisez la tempeste.
„ Vous auez fait la femme en voulant vous vanger,
„ Faites la Deité le sauuant du danger.

PANTHEE.

Mais s'il est impuny i'auray sujet de craindre
Que de son mal encor d'autres se viennent plaindre.

CHARIS.

Madame, croyez-moy, cela n'aduiendra pas.

PANTHEE.

Roxane accourt vers nous, qui peut haster ses pas,
Me vient-elle auertir de rien qui me contente.

SCENE DEVXIESME.

ROXANE, PANTHEE.

ROXANE.

Madame, vn Suzien qu'on meine en vostre Tente
Dit qu'il est enuoyé par le Roy vostre espous,
Et qu'il a de sa part quelques lettres pour vous.

PANTHEE

Alons voir le Courier qu'Abradate m'enuoye;
Charis à ce rapport ie nage dans la joye.

SCENE TROISIESME.

MITRANE, ARASPE.

MITRANE.

ARaspe sauuez-vous, estant bien aduerty
Qu'on est prest de vous faire vn fort mau-
uais party.

ARASPE.

Moy ? que ie me desguise & que ie me retire
Pour emporter ailleurs ma honte & mon martyre?
Ie braue le malheur qui me peut arriuer,
Et ne sçay que la mort qui me puisse sauuer:
C'est la Diuinité que i'appelle à mon ayde,
C'est mon plus seur Azile & mon dernier remede;
Quelque estange appareil qu'on face pour ma mort
Ie puis bien despiter les menaces du sort.
Penses-tu que mon ame en soit espouuantée
Apres auoir souffert les mespris de Panthée?

Ie

Ie n'ay plus rien à craindre apres cette rigueur,
Et ie vais accepter ma perte de bon cœur.
Alons treuuer Cirus pour voir si mon audace
Attendra sans fremir le coup de ma disgrace,
Tu sçauras s'il est vray qu'à l'objet du danger
L'aßiette de mon cœur soit sujette à changer.

MITRANE.

Nous l'auons assez veu dans le peril des armes,
O Dieux!

ARASPE.

Mon cher Mitrane, essuye vn peu tes larmes,
Puis que ton amitié monte iusqu'à ce poinct,
Sers moy, ie t'en conjure, & ne me pleure point.
Si l'Astre qui preside au poinct de la naissance
Te donna pour Araspe vn peu de bien-veillance,
Et si dans nos combats i'ay fait quelque action
Qui fortifie en toy ceste inclination,
Ie veux bien de ta foy des preuues plus certaines,
Le dueil est inutile à soulager mes peines:
Si mon triste destin te fait quelque pitié,
Fay moy cognoistre mieux ta fidelle amitié.
Ie m'en vais esprouuer ceste grande colere,
Viens estre de ma fin le tesmoin oculaire,
Et quand ta pieté m'aura fermé les yeux,
Va treuuer de ma part ce Chef-d'œuure des cieux,

Cette Princesse altiere, & cette ingrate Reyne,
Qui rejette mes vœux auecque tant de hayne,
Cette Beauté superbe a qui ma passion
Apporta tant d'horreur & tant d'auersion.
Conte luy de ma mort l'agreable nouuelle,
Dy-luy qu'en expirant i'ay tousiours parlé d'elle,
Et que rendant l'esprit comme elle a desiré,
Contre tant de rigueur ie n'ay point murmuré.
Dy-luy qu'on n'a point veu qu'en expiant mon crime
I'offrisse à son Autel vne indigne Victime,
Et que voyant venir le coup de mon trespas,
Ie n'ay rien tesmoigné de foible ny de bas.
Despein-luy ma constance, & la mets en son lustre;
Iure luy que mon ame, estoit vne ame illustre,
Et que dés le moment que i'entray sous sa loy,
I'eus l'esprit, le courage, & la grandeur d'vn Roy.
Elle n'est point de marbre, & tu verras possible
Que ce triste recit la treuuera sensible:
Peut-estre en son visage vn mouuement secret
Fera voir de mon sort tant soit peu de regret.
Mitrane, s'il est vray que ma perte la touche,
Qu'il en puisse coûter vn helas en sa bouche,
Vn soupir à son cœur, vne larme à ses yeux;
Des lors ceste faueur me rend esgal aux Dieux,
Et mon ombre la bas, de ces douceurs rauie,
N'aura point desormais de regret à la vie.

MITRANE.

Vous me faites mourir de tenir ces discours,
N'auancez point ainsi, le terme de vos iours:
Mais cet homme seuere & de mauuais presage
Semble auoir vostre Arrest escrit sur son visage.
Vous deuiez vous resoudre à partir promptement,

Artabaze entre auec des soldats.

ARASPE.

La chose est resoluë, auançons seulement:
C'est ce que ie desire.

MITRANE.

Et ce que i'apprehende.

SCENE QVATRIESME.

ARTABAZE, ARASPE, MITRANE.

ARTABAZE.

IE viens vous aduertir que Cirus vous demande.

ARASPE.

Il faut l'aller trouuer : sçauez-vous point pourquoy?

ARTABAZE.

Ie ne penetre pas dans les secrets du Roy:
L'ordre qu'il m'a donné veut qu'auec diligence
Ie vous meine vers luy sans autre cognoissance.

MITRANE.

O rencontre funeste! O Ministre maudit!

ARASPE.

Vien Mitrane, & fay bien tout ce que ie t'ay dit.

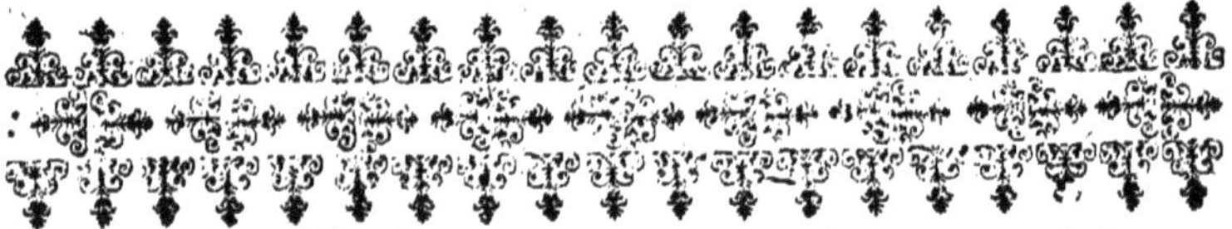

SCENE CINQVIESME.

CIRVS CHRISANTE.

CIRVS.

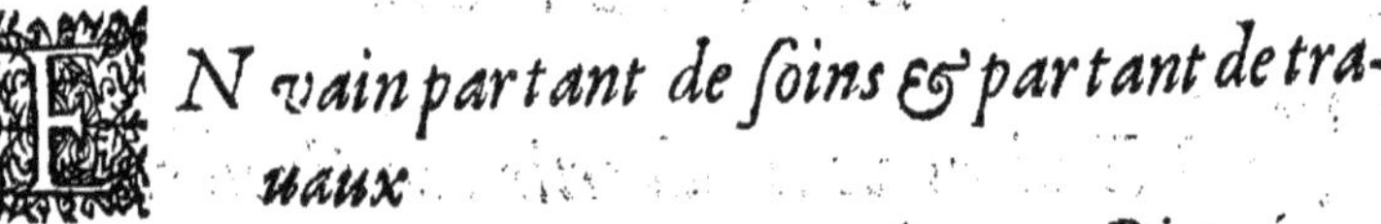

EN vain partant de soins & partant de trauaux
I'ay fait entrer l'enuie au cœur de mes Riuaux:

Et la Fortune en vain conduisant la victoire
Ma tousiours aßisté dans l'amour de la gloire,
Puis qu'vn ieune insolent a la temerité
De faire ce mespris de mon authorité.
Ma reputation se tache par ce crime,
On en void tout à coup descroistre mon estime,
Et de quelque façon qu'Araspe soit puny,
L'esclat de ma grandeur en demeure terny.
Comment? sans respecter les ordres que ie donne,
Fascher vne Beauté qui porte vne couronne,
Dont mesme le mary se rend mon alié?
Ie l'auois fait trop grand, il s'est trop oublié.

CHRISANTE.

Sire, en toutes les Cours l'imprudence est commune
A tous les ieunes gens qu'esleue la Fortune;
L'homme foible & leger sans vn secours diuin
S'enyure de faueur comme l'on fait de vin,
Il treuue en s'esleuant que ses sens le trahissent,
Que la teste luy tourne, & ses yeux s'esblouyssent;
Et comme sans mesure il veut tousiours monter,
Son estourdissement le fait precipiter.
Mais Araspe abusant d'vne bonté si rare,
A fait à cette Reyne vn acte de barbare.
Qui n'estant retenu d'aucun mœurs vertueux,
Donne à ses apetits vn cours impetueux.

CIRUS.

Ah! ie l'ay trop aymé ce ieune temeraire,
Qui sans doute est party depeur de ma colere;
Des plaintes de Panthee il aura sceu le bruit:
Mais voicy l'insolent qu'Artabaze conduit,
Dites-luy qu'il s'auance,

SCENE SIXIESME.

CIRUS, ARASPE, ARTABAZE.

CIRUS.

Ingrate creature,
Indigne de ta race & de ma nourriture, (Il luy parle en particulier.)
Ie te faisois garder vne femme de Roy,
Tu luy deuois porter mesme respect qu'à moy.
Dy-moy donc insolent, qui t'a donné l'audace
D'oser l'importuner sans craindre ma disgrace?

ARASPE.

Vn amy du desordre, vn infracteur de loix,
Qui trouble esgallement les Bergers & les Roys;
Amour, ce doux Tyran de tout ce qui respire,
Et qui ne cognoist rien de grand que son Empire.
Vous m'auez fait garder vne rare Beauté,
Pres de qui l'on ne peut garder sa liberté;
Ie n'ay peu refuser mon cœur à cette belle,
Et si i'en auois mille ils seroient tous pour elle.
Les puissances du Ciel & celles des Enfers
Ne me sçauroient iamais tirer hors de ses fers,
Ie veux iusqu'à la mort l'adorer en mon ame,
Et dans ma cendre encore en conseruer la flame.
Si le crime est si grand d'aimer en lieu si beau,
Ie seray criminel iusques dans le tombeau:
Charmé de tant d'apas ie ne suis pas capable
De viure vn seul moment sans en estre coupable.
Ne pardonnez donc point à ma temerité,
Ie suis attaint d'vn crime, & i'ay bien merité
Puis que i'ay peu desplaire à ceste belle Reyne,
Que vostre affection se conuertisse en hayne.
Commandez sur le champ, qu'on termine mon sort,
Il ne m'importe pas de quel genre de mort;
En l'estat où ie suis, les feux, les precipices,
Le fer & le poison, me seront des delices,
Ie les tiens à faueur, & promets hautement
D'en gouster l'amertume auec rauissement.

CIRVS.

Il a perdu le sens, voyez qu'elle manie,
Comme l'Amour le traite auecque tyrannie;
L'estat où ie le voy me donne du regret:
Mais il faut le traicter en malade indiscret,
Puis qu'il nous a fait voir par vn traict si sensible,
Qu'à d'importans sujets sa folie est nuisible.
Comme vn morceau de fer qu'attire esgalement

Cirus se leue.

La secrette vertu de deux pierres d'aymant;
Par vn contraire effort parmy l'air se balance,
Tiré de deux costez de mesme violence:
Ainsi sur ce sujet, mon esprit agité
Vague entre la douceur & la seuerité.
Dans ses diuers pensers, se suspend en soy-mesme,
Et ne se peut resoudre en cette peine extreme.
Mon cœur se sent piquer d'honneur & d'amitié,
L'vn esmeut mon courroux, l'autre me fait pitié;
Souffrir que dans ma Cour on prenne la licence
De fascher vne Reyne auec tant d'insolence,
C'est passer pour barbare à la posterité,
C'est manquer de sagesse & manquer de bonté.
Perdre aussi ce que i'aime, & dont dés mon bas âge
I'ay tousiours recognu l'esprit & le courage;
Vn seruiteur ardant, vn homme plein de foy,
Qui semble n'estre né que pour mourir pour moy.
Abandonner Araspe, Ah! c'est vne personne
Que ie puis balancer auec vne couronne:

I'ay

I'ay beau deliberer en ceste occasion,
Ie ne puis rien penser qu'à ma confusion.
Mais voicy cet objet qui n'a rien de vulgaire,
Excepté le defaut de ne pardonner guere:
Son couroux me vient-il encor soliciter?

SCENE SEPTIESME.

PANTHEE, CIRVS.

PANTHEE.

SEigneur, d'vn pas hasté ie viens vous visiter,
C'est pour vous faire part de ma secrette ioye,
Vous monstrãt ce papier, que Monseigneur m'enuoye;
Voyez s'il vous honore, & croyez desormais
Que ie sçay bien tenir tout ce que ie promets.
Mais ce qui rend encor ces nouuelles meilleures,
C'est que nous le verrons au plus tard dans deux heures.
Il vient accompagné de deux mille cheuaux
Pour estre plus vtile à vos nobles trauaux.

CIRVS.

Mon ame est de merueille esgallement saisie,
Et de sa diligence & de sa courtoisie.

PANTHEE

Sans doute c'est vn Prince & de cœur & d'esprit,
Mais de grace Seigneur lisez ce qu'il m'escrit.

LETTRE D'ABRADATE A PANTHEE.

Ce Roy, qui respectant le destin de la guerre,
Par ce bon traitement adoucist ton malheur:
Doit bien tost conquerir tout le rond de la terre
Puisque tant de clemence est jointe à sa valeur.

Tu m'en as peint l'image auecque tant de charmes
Que desia sa vertu m'oste la liberté;
Ie voulois m'oposer à l'effort de ses armes,
Mais il faut que ie cede aux traicts de sa bonté.

Comme c'est ton desir, croy que c'est mon enuie
De tenir desormais Cirus pour mon Seigneur:
Car puisqu'on doit aymer l'honneur plus que sa vie,
Il faut donner sa vie à qui l'on doit l'honneur.

CIRVS.

Madame, les honneurs dont il me va chargeant
Font voir en ce papier qu'il est fort obligeant,
Par ses grands compliments il m'a voulu confondre,
A ces ciuilitez ie ne sçaurois respondre:
Mais si pour le seruir ie suis assez puissant,
Il ne me tiendra pas pour vn mecognoissant:
Asseurez l'en, de grace, & tirez par aduance
Quelque fidelle effect, de mon obeyssance.

PANTHEE.

Digne liberateur de tous les oppressez,
Que la voix des mortels ne peut loüer assez:
Puis que ie vous acquierts ce seruiteur fidelle,
I'ose vous demander vne grace nouuelle.

CIRVS.

C'est Madame?

PANTHEE.

D'oster de vostre souuenir
L'imprudence d'Araspe, & ne le point punir.
Sa faute est excusable, il faut que ie le die,
Apres vne cruelle & longue maladie
Sa raison la quitté, son sens s'est affoibly,
Vous mettres s'il vous plaist ceste faute en oubly:
Ie vous en veux prier.

CIRVS.

Commandez moy, Madame,
Encor que son erreur soit si digne de blasme
Et de punition, puis qu'il vous plaist ainsi,
Si vous luy pardonnez, ie luy pardonne aussi:
Mais c'est faire paroistre vne clemence extresme;

PANTHEE.

Panthee sort.
C'est imiter, Seigneur, & les Dieux & vous mesme,
Qui voulustes changer ma discrace en bon-heur,
Lors que ie pouuois perdre, & la vie & l'honneur.

SCENE HVICTIESME.

CIRVS, ARASPE.

CIRVS.

Raspe, ceste belle a demandé ta vie:
Et i'ay facilement contenté son enuie:

Que dis tu de Cirus & de cette Beauté?

ARASPE.

Ie dis que vous auez tous deux trop de bonté!

CIRVS.

Et bien, dis moy, l'amour est-elle volontaire?
Ne te donnois-ie pas vn auis salutaire
Quand ie te destournois de la voir si souuent.

ARASPE.

Ie suis par ce mal-heur deuenu plus sçauant?

CIRVS.

Au reste, ie te fais vne expresse deffence
De luy dire iamais vn seul mot qni l'offence.

ARASPE.

Hé, Sire, à l'offencer ie n'ay iamais pensé;
Les Cieux me sont tesmoins que ie suis l'offencé.

Fin du troisiesme Acte.

ARGVMENT DV QVATRIESME ACTE.

1. Abradate resolu de seruir Cirus à sa persuasion de Panthée; ne peut entendre les loüanges qu'elle donne à ce Monarque, sans en conceuoir quelque jalousie, & sans en faire paroistre l'émotion; Panthée remet son esprit, par l'ingenuë expression d'vne Ame chaste & courageuse au dernier poinct. 2. Cirus paroist en son Conseil de Guerre; où les deux Roys se font les premiers complimens, & parlent des ordres d'vne bataille qui se doit donner.

ACTE IV.

SCENE PREMIERE.

ABRADATE, PANTHEE.

ABRADATE.

VY, ouy, l'Assyrien tend à nous opprimer,
Et Cirus paroist tel que nous deuons l'aymer :
Esloingnant donc l'orgueil fuyons l'ingratitude,
Et pour nous affranchir entrons en seruitude.
Cirus merite bien de m'imposer sa loy,
Vous ayant conseruée il à trop fait pour moy.
Et desormais le bien qui reste en ma puissanse,
Est d'un trop petit prix pour ma recognoissance :

Apres cette faueur ne pouuant faire mieux,
Ie puis trahir pour luy les hommes & les Dieux;
Ce bien fait est si grand, que si ie le puis croire,
Ie dois aueuglement m'immoler à sa gloire:
Mais est-il si parfait qu'il est representé?
Cette rare peinture est vn pourtraict flatté.
Si peu qu'vn ieune Prince est ou vaillant, ou sage,
La Renommée en dit mille fois dauantage;
Puis il faut qu'en parlant de son liberateur,
Le plus seuere esprit deuienne vn peu flateur.
Il faut que d'vn bien-fait vne ame se ressente,
Ou qu'elle soit fort lasche & fort mescognoissante;
Sans doute vostre esprit qui n'a point de deffaut,
Le loüe auec excés, en le mettant si haut.

PANTHEE.

Cirus m'a fait faueur, mais ie luy rends iustice,
Quand i'atteste qu'il est inaccessible au vice,
Et qu'on peut l'esleuer entre les immortels,
Si les grandes vertus meritent des Autels:
Qu'en grandeur de courage il est inimitable,
Qu'il se monstre clement, qu'il paroist équitable,
Et qu'à sa continence on ne peut reprocher
Qu'il soit quelque Beauté qui le puisse toucher.

ABRADATE.

Ie croy que par vn soin de la chaste Minerue,
Contre les traicts d'Amour son ame se conserue.

Mais

Mais auec tout cela, voudriez vous bien iurer
Qu'il eut peû iusques icy vous voir sans souspirer?

PANTHEE.

Quoy, ne sçauez vous pas qu'il ne m'a iamais veuë?

ABRADATE.

De memoire en ce lieu vous semblez depourueüe.
C'est bien me descouurir ce qu'on m'auoit celé:
Tellement que Cirus ne vous a point parlé?

PANTHEE.

Il m'a parlé trois fois: mais ce Prince est si sage
Qu'il n'a iamais porté les yeux sur mon visage.

ABRADATE.

O Replique subtille & produite a propos!

PANTHEE.

Quel estrange penser trouble vostre repos?
Dequoy palissez vous, qu'elle atteinte vous blesse?
Auez vous vn esprit capable de foiblesse:
Auez vous de ma foy conceu quelque soupçon?
Doutez vous de Panthée?

ABRADAE.

En aucune façon:

Mais je crains les malheurs qui sont ineuitables
A ceux que le Destin veut rendre miserables.

PANTHEE.

Douter de ma constance & de ma chasteté?

ABRADATE.

Nullement, mon esprit n'en à iamais douté:
Mais bien

PANTHEE.

Quoy?

ABRADATE.

Qu'vne iniuste & cruelle puissance
N'ayt vsé contre vous de quelque violence:
Si vous me le celiez de peur de m'afliger,
Ce seroit de nouueau laschement m'outrager.

S'il a fait à Panthee vne si grande iniure,
A ce premier abord deuant les Dieux ie iure
Que pour luy tesmoigner combien i'y prens de part,
Ie le vais saluër de vingt coups de poignard.
Ma main de cét afront iustement animée,
Sçaura trouuer son cœur, au cœur de son Armée:
Ma mort suiura de pres cette temerité.
Mais le perfide aura ce qu'il a merité,

PANTHEE.

Dans l'aprehension d'vn mal imaginaire
Vous auez vn transport qui n'est point ordinaire.

ABRADATE.

C'est contre ces assauts que i'ay peu de vertu,
Et par là qu'aysément ie puis estre abatu.
Ah! la crainte que i'ay d'vn si sensible outrage
Me trouble tout le sens de douleur & de rage.

PANTHEE.

O ridicule peur!

ABRADATE.

Ridicule, & pourquoy?

PANTHEE.

Pource qu'elle est indigne & de vous & de moy;
Et qu'enfin vostre esprit paroist trop susceptible
De l'aprehention d'vn chose impossible.

ABRADATE.

Les Dieux par ce malheur ne pouuoient me punir?

PANTHEE.

Non, iamais ce malheur ne pouuoit auenir.

ABRADATE.

Ie cognoy vostre foy, ie sçay vostre constance:
Mais malgré vos clameurs & vostre resistence,
Ce Prince authorisé d'vn pouuoir absolu,
A peu faire en son camp tout ce qu'il a voulu;
Qui pourroit destourner la furieuse enuie
De celuy qui sur nous à pouuoir de la vie?

PANTHEE.

Qui pourroit destourner le genereux effort
De celle à qui la honte est pire que la mort?
Si dans vn tel peril ie me fusse trouuée
Et vne extremité ce poignard m'eust sauuée,
En me garentissant d'vn si lasche attentat,
Eut maintenu ma gloire en son premier estat.
Voilà le confident qui durant vostre absence
Auec fidelité gardoit mon innocence:
Voilà le Protecteur de ma pudicité,
Qui m'auroit secouruë en cette auersité.
Ie m'en estois saisie afin de me deffendre
Des violents efforts qui me pouuoient surprendre:
Ce fer en vn besoin se cachant dans mon cœur
Eust trompé les desirs d'vn insolent vainqueur.
Mais le sage Cirus, est vn Prince heroïque
Qui n'eust iamais pour moy de penser impudique,
Ou dés le mesme instant qu'il en fut eschaufé,
Il fut par la raison dans son Ame estoufé.

Vous reste t'il encor quelque fascheux ombrage?

ABRADATE.

Cet esclaircissement dissipe ce nüage:
Mais mon esprit confus va deuenir jalous
Des rares qualités de Cirus, & de vous.
O grandeur de vertu, qui n'eust iamais d'exemple!
O generosité digne vrayment d'vn Temple!
Dieux, qui dans ce Monarque, & dans cette Beauté
Mistes tant de sagesse, & tant de chasteté;
Faites que par le monde en tous lieux soit portée
La gloire de Cirus, & celle de Panthée,
Et faites que bien tost mes bonnes actions
Meritent leur estime, & leurs affections.

Et vous, pardonnez moy, beaux yeux remplis de charmes.
Ie suis assez puny d'auoir causé vos larmes,
I'ay tort d'auoir tremblé, d'vne vaine terreur:
Mais l'excez de l'amour a causé cette erreur,
Et le soudain pardon iamais ne se refuse
Aux transports violens qui portent cette excuse.
„Comme les bruits confus accompagnent le iour,
„Tousiours la jalousie, accompagne l'Amour;
„Par tout où va ce Dieu, va ce Phantosme sombre
„Qui le suit de si pres qu'on le prend pour son ombre.

„Aussi lors qu'on se void possesseur d'vn grand bien
„C'est l'estimer bien peu que de ne craindre rien.

„ *Et sur tout la beauté semble auoir quelque amorce,*
„ *Pour se faire rauir par adresse ou par force.*
Cependant i'ay failly, mais pardonnez le moy:

PANTHEE

Ie ne sçaurois punir mon Seigneur & mon Roy,
Mais il a des pensers qui ne doiuent point naistre
En vn esprit si fort, & qui ma peu cognaistre

ABRADATE.

Mais me pardonnez vous?

PANTHEE.

Ouy, ie vous le promets,
Pourueu que ces soupçons ne reuiennent iamais.

ABRADATE.

Allons voir ce grand Roy, dont l'agreable Empire
Ne s'estendra iamais si loing que ie desire.

SCENE DEVXIESME.

CIRVS, CHRISANTE, HIDASPE.

CIRVS.

QV'on le faſſe punir l'indiſcret eſpion,
Qui ſeme dans mon camp ſon aprehenſion:
Et qu'on charge de fers, ou qu'on laiſſe au bagage,
Ceux de qui ſon rapport a glacé le courage.
Il a pris l'eſpouuante & la voudroit donner
A ceux que les perils ne peuuent eſtonner.
Qu'au milieu des combats on n'a iamais veu bleſmes,
Et qui parmy les coups ſont les perils eux meſmes.
Mais ie ne puis penſer qu'vne vaine vapeur
Eſtonne des ſoldats incapables de peur,
Des cœurs ambitieux d'acquerir de la gloire,
Et que vient de flater le gain d'vne victoire.

Ceux où l'on voit briller de si grandes vertus
Ne tournent point le dos à ceux qu'ils ont battus.
En est il parmy vous que i'estime si braues
Qui portassent enuie au malheur des Esclaues?
Aymans mieux souspirer sous le ioug d'vn vainqueur
Que l'espée à la main mourir en gens de cœur?
Celuy que la frayeur iusqu'à ce point possede
Selon mon iugement, n'est ny Perse ny Mede:
Qu'il passe vers Cresus, il luy sera permis;
Ie le crains plus icy qu'entre les ennemis.
Mais ils sont cependant moins forts que nous ne sommes,
Ils ont plus d'attirail, & nous auons plus d'hõmes;
Quand ils s'assembleroient encor des millions,
Ce ne sont que des Cerfs qu'affrontent des Lyons:
Ces lasches Lydiens nourris dans l'abondance
Parmy les ieux, l'amour, les festins & la dance,
Se sont trop amolis en leur oysiueté,
Pour subsister long-temps dans l'incommodité:
Mes soldats mieux instruits au mestier de la Guerre
Estans accoustumés à dormir sur la terre,
A s'exercer beaucoup, & manger sobrement,
Se peuuent asseurer de les vaincre aisément.
Pour se charger bien tost d'honneur & de richesse,
On n'a rien qu'à me suiure au milieu de la presse;
Ie seray satisfait si l'on fait comme moy,
On laschera le pied quand ie prendray l'effroy.

HIDASPE.

Sire, au premier rapport du ſoldat qui proteſte
Que le camp de Creſus eſt ſi fort & ſi leſte,
Et qu'il la veu vers nous marcher ſi promptement;
Nous nous ſommes eſmeus mais ſans eſtonnement:
Car entre vos ſoldats on n'entend que des plaintes
D'vn deſir de combattre & non d'aucunes craintes.
Nous nous ſommes eſmeus, comme il auient par fois
Au Lyon qui deſcouure vn Taureau dans vn bois;
Il s'eſmeut, il fremiſt, non de peur, mais de ioye
De pouuoir aborder vne ſi bonne proye.
Ie ſuis bien aſſeuré de dix mille ſoldats
Qui d'vn nombre plus grand ne s'eſtonneront pas,
Encor que nuit & iour ils ſoyent deſſus les armes,
Ils ne s'esbranlent point pour ces grandes alarmes;
Et comme l'on a veu dans les combats paſſez,
C'eſt touſiours pardeuant qu'ils ſe trouuent bleſſez,
Rien que le ſeul repos n'affoibliſt leur audace,
Ils yront dans la flame, ils yront dans la glace,
Et iuſques aux enfers leur valeur paſſera
Quand voſtre Majeſté me le commandera.

CHRISANTE.

Tous ceux que ie conduits ſont de meſme nature,
Ont meſme diſcipline & meſme nourriture;
On n'a rien qu'à marcher contre les ennemis
Et nous vous tiendrons tous ce qu'il vous à promis

Quand mesme estans liguez pour nous reduire en poudre,
Les Dieux sur nostre camp deuroient lâcer la foudre.

ARASPE.

Puisque ie dois la vie à vostre Majesté,
Ie luy rendray bien tost ce qu'elle m'a presté:
Où par vn grand succez ie luy feray paraistre;
Qu'auec beaucoup d'ardeur, ie sers vn si grand Maistre.

CIRVS.

Mes amis, ces propos dignes de gens de cœur,
M'asseurent aujourd'huy du tiltre de vainqueur:
Le Prince est bien timide où l'esperance est morte
Quand de si braues Chefs luy parlent de la sorte:
Mon deßein ne sçauroit auoir qu'vn bon succez
Soustenu de vertus qui vont iusques à l'excez:
Puis ie ne cele pas que mon espoir se flatte
De ce nouueau renfort que me dōne Abradate:
Ses chariots armez feront vn grand effet,
Pourueu qu'on suiue bien le dessein que i'ay fait;
Ie les feray marcher; Mais i'apperçoy Panthée
Qui de contentement est toute transportée;
Elle tient par la main son mary qui la suit.

SCENE TROISIESME.

PANTHEE, CIRVS, ABRADATE.

PANTHEE.

Seigneur, de vos bien-faits voicy le digne fruict,
Voila cette Rançon que ie vous ay promise:
Quand vos heureux succez m'ont osté la franchise;
Vous m'auez bien traittée, & pour m'en reuancher
Ie vous offre vn tresor que i'estime bien cher.

CIRVS.

I'estime ce Tresor d'vne valeur extrsme;
Et l'acceptant de vous ie me donne à luy mesme.

ABRADATE.

Seigneur, au dernier point vous m'auez obligé,
Ne vous attachant pas au sort d'vn affligé;

Et daignant par vn trait de clemence admirable ;
Respecter la douleur d'vn Prince miserable.
Vous auriez peu me perdre, vsant de la rigueur
Que peut impunément exercer vn vainqueur,
Mais vous auez fait voir qu'en cet âge où nous som-
mes,
Les Dieux d'aignent encor se desguiser en hommes,
Et qu'ayant quelque fois la foudre dans les mains,
Ils ont compassion des larmes des humains.

CIRVS.

Cette ciuilité n'est point vne merueillé,
Vous l'auriez exercée en rencontre pareille ;
Tout ce qu'à de meilleur cette bonne action :
C'est qu'elle est le ciment de nostre affection.
Les Amis tels que vous apportent plus de gloire,
Et plus d'vtilité qu'vne grande victoire.

ABRADATE.

Seigneur, en vostre nom i'espere d'en gaigner ;
Ou du moins en mourant ie sçauray tesmoigner
Qu'en vn fragile corps est vne ame bien née,
Quand ie rendray la vie à qui me la donnée.

CIRVS.

M'ayant faict alier d'vn Roy si genereux
Les Cieux me donneront des succez plus heureux ;

Mais qu'ils me ſoient amis, ou qu'ils me ſoient contraires,
Nous viurons deſormais vous & moy comme freres.
Cependant vous ſçauez que l'ennemy pareſt,
Qu'il faut que promptement chacun ſe tienne preſt,
Et que par le bon ordre augmentant les courages,
Nous allions dans le champ prẽdre nos aduantages;
Des eminents endroits nous ſaiſir promptement,
Et faire entendre à tous noſtre commandement.

ABRADATE.

Seigneur, en ce beau iour vous plaira-il que i'aille
Combattre auec les miens au front de la bataille?
Mes chariots de Guerre eſtans bien attelez
Feront en cet endroit des effects ſignalez.
C'eſt là qu'aſſeurément ainſi que i'oſe croire,
Ces machines pourront esbaucher la Victoire,
Seigneur, vous plairoit-il me tant fauoriſer?

CIRVS.

Il ne m'eſt pas permis de vous rien refuſer:
Ouy, vous commanderez auiourd'huy l'auangarde,
Ie le trouue a propos, cet honneur vous regarde,
Ie vous diray tout l'ordre en tenant le Conſeil;
Mais il faut eſcouter ce Preſtre du Soleil.

SCENE QVATRIESME

CALCAS, CIRVS ET PANTHEE.

CALCAS.

SIRE, les ennemis aprestent des genices
Pour s'aquerir les Dieux par de grands sacrifices.
I'en viens donner auis à vostre Majesté.
Qui les peut deuancer en cette pieté,
Et dessus son Armée arrester la victoire
En faisant honnorer la cause de sa gloire:
Fera-t'on maintenant priere aux immortels?

CIRVS.

Ouy, ouy, nous vous suiuons, preparez les Autels;
Lors que deuant les Dieux tous bons de leur nature,
Nous auons exercé des rigueurs sans mesure,

Il ne faut pas penser que nous les apaisions
Par des vazes fumans & des effusions.
Detestans en leurs cœurs la noirceur de nos vices,
Ils destournent leurs yeux de tous nos sacrifices,
Ont l'encens en horreur & sont plus irritez,
Plus nostre hypocrisie inuoque leurs bontez.
Les rebelles vassaux qui sans craindre la guerre
Osent brauer les Dieux, du Ciel & de la Terre,
Refusans les tribut qui leur sont imposez,
Ne font gueres de vœux qui soyent authorisez

PANTHEE.

Seigneur, vos sentimens de mesme que vos gestes,
A nostre iugement sont des choses celestes.

Fin du quatriesme Acte.

ARGVMENT
DV
CINQVIESME ACTE.

1. Araſpe ſe reioüiſt de la mort d'Abradate, croyant que cét accident doit fauoriſer ſa paſſion; & pour eſtre mieux confirmé dans ſes eſperances, ſe fait raconter comme ce Prince eſt mort. 2. Cirus va conſoler Panthée de cette diſgrace, & luy promettre toutes ſortes de ſeruices & d'aſſiſtances. 3. Panthée luy déguiſe le deſſein qu'elle fait de ſuiure ſon mary : Et s'eſtant deffaite de tous ſes gens, ſous couleur de vouloir en particulier pleurer la perte & lauer les bleſſures de ſon Seigneur, elle ſe tuë deſſus ſon corps.

ACTE V.

SCENE PREMIERE.

ARASPE, ORONTE.

ARASPE.

ELON mes vœux ſecrets il a perdu la vie
Ce glorieux objet de ma ialouſe enuie
Cet Amant fortuné, ce prodige en bonheur,
Pour dernier aduantage eſt mort au lict d'honneur.
O faueur des deſtins ! admirable auanture !
La gloire la ſuiuy iuſqu'à la ſepulture.

Comme il s'est veu laßé de mille actes guerriers,
Il a rendu l'esprit accablé de lauriers.
Et lors qu'il est tombé sanglant sur la poußiere
Les mains de la Victoire ont fermé sa paupiere.
Que la terre ô grands Dieux! soit legere à ses os,
Pourueu que mon bonheur succede à son repos;
Et qu'apres ce grand dueil qu'on fait sur sa disgrace
Ie sois assez heureux pour occuper sa place.
Mais ce n'est rien qu'vn bruit: Peux-tu bien m'asseurer
Qu'Abradate soit mort?

ORONTE.

Ie vous en puis iurer.

ARASPE.

Tu sçais comme le sang qu'on perd en abondance
Fait ordinairement tomber en defaillance;
Et par cét accident, sur vn leger rapport,
Vn homme esuanouy, peut passer pour vn mort.
Mais quand le Medecin promptement le visite,
Auec peu de secours on void qu'il ressuscite.

ORONTE.

Il n'en va pas ainsi d'Abradate

ARASPE.

Et comment?

ORONTE.

Pour ce qu'il est tout prest à mettre au monument.
On a trouvé son corps tout couvert de blessures;
Ce n'estoient en tous lieux que larges ouuertures,
Qui monstrent que la Parque en demandant ses droicts,
A coupé de ses iours le fil en vingt endroicts.

ARASPE.

Il faut que ie t'embrasse & que ie te coniure
De me conter au long toute cette auanture:
Car ie n'en suis encore informé qu'à demy.

ORONTE.

Comme nous auons veu paroistre l'ennemy,
Apres auoir receu les ordres pour combattre
Nous l'auons abordé d'vn cœur opiniastre.
Luy pour nous enfermer, estant assez puissant
Estendoit son grand Corps en forme de croissant.
Des Troupes là dessus ont esté dispersées
Pour rompre dés l'abord, ces pointes auancees,
Cependant qu'Abradate auec beaucoup d'effect
Donnoit dans le milieu de ce cercle imparfaict.
Ces chariots armez qui semblent à la foudre
Font couler tout en sang, font voler tout en poudre:
Par eux les bataillons qu'on void les plus pressez
Sont presque en vn instant rompus & renuersez.

Ils couppent mille corps auec leurs faux tranchantes,
Ils enflamment les airs de fascines bruslantes,
Et tant de traicts lancez pleuuent tout à l'entour,
Que sous cette ombre espaisse il fait nuit en plein iour.
Le feu, le fer, les coups, & les cris pitoyables
Forment là de l'Enfer des tableaux effroyables.
L'audace & la valeur qui conduisent la mort,
Font auec Abradate vn si puissant effort
Qu'on void naistre de sang des torrens dans la pleine
Dont les meilleurs cheuaux peuuent sortir à peine.
Le Pactolle fremît parmy ses flots dorez,
Les voyant tout à coup de pourpre colorez,
Il en gronde à son bord & trouue bien estrange
Qu'on fasse dans son lit cét odieux meslange.
Aussi le grand Achille entrant dans les combas,
Mit auecque le fer moins de Troyens à bas:
Lors que pour arrester ces funestes rauages
Le Sçamandre en cholere inonda ces riuages.

En vne heure de temps deuant ce ieune Roy
Qui portoit en tous lieux le trespas & l'effroy;
Le Capadocien sans ordre & sans conduite
Prit enfin le party d'vne honteuse fuitte.
Les Peuples d'Arabie au combat attachez,
De la mesme terreur furent aussi touchez.
Lors que celuy du Nil de nature aguerrie
Tout-à-coup faisant ferme arresta sa furie.
Le combat recommence auec tant de chaleur,
Que l'on n'a iamais veu plus d'effects de valeur.

Alors en vn moment dans les vastes campagnes
Les grands monceaux de corps éleuent des montagnes.
Et le destin par là fait terminer le cours
Du vaillant Abradate en la fleur de ses iours.
Car ainsi qu'il poursuit la victoire certaine,
Son char vient à verser au milieu de la plaine:
Et son corps par les siens ne peut estre recous
Qu'il n'ayt esté percé de plus de mille coups:
Car des Egyptiens c'est la brutale enuie
De vanger mille morts sur vne seule vie.
Ainsi ce ieune Prince accablé d'ennemis,
Veid ses illustres iours à la Parque soubmis.
Depuis la genereuse & fidelle Panthée,
A qui cette nouuelle aussi-tost fut portée,
L'enleua sur vn char auec vn si grand dueil,
Qu'on les mettra tous deux dans vn mesme cercueil:
Car elle fait bien voir qu'elle n'a pas d'enuie
De suruiure long-temps la moitié de sa vie.

ARASPE.

Si vous estes touchez de l'excez de mes maux
Dieux, rends par pitié ce pronosticque faux.
Il m'a percé le cœur auec cette parolle!
Mais où dit-on qu'elle est?

ORONTE.

Sur les bords du Pactolle.

Où pleignant le malheur de ſon vaillant Eſpoux,
Elle pleure ſans ceſſe & ſe meurtriſt de coups.

ARASPE.

Ainſi, dans le bonheur que le deſtin m'enuoye,
Touſiours quelque accident vient trauerſer ma ioye.
Pourray-ie ſans douleur obſeruer ſes douleurs?
Pourray-ie m'empeſcher de pleurer de ſes pleurs?
Verray-ie ſans mourir cét objet plein de charmes
S'exaler en ſouſpirs & ſe reſoudre en larmes:
Et que pour regretter l'eſtat où ie la veux,
Elle irrite ſes mains contre ſes beaux cheueux.
Dieux! depuis que l'Amour me tient à la torture
Il verſe dans mon ſein l'abſcynte toute pure:
Et le cruel qu'il eſt, ne me ſçauroit donner
L'ombre d'vne douceur ſans me l'empoiſonner:
Mais que veut ce Soldat qui vient ſi hors d'haleine?

SOLDAT.

Seigneur, Cirus eſt preſt d'aller trouuer la Reyne,
Il ſort du pauillon pour tourner vers le ſien.

ARASPE.

Allons nous affliger de noſtre propre bien.

SCENE DEVXIESME.

PANTHEE, CHARIS, ROXANE.

PANTHEE.

Vel objet m'aparoist ? Quelle image agreable
Me promet de la ioye & me rend miserable ?
Represente ma vie & me voüe au trespas?
O charmante merueille ! ô funeste prodige !
C'est tout ce que i'adore, & tout ce qui m'afflige,
C'est mon cher Abradate, & si ce ne l'est pas.

Ce n'est rien que son corps, son Ame en est partie,
Les Dieux m'ont enleué la meilleure partie
De cét aymable tout dont mon bien depende.
Arbitres des mortels dont le soing nous regarde,
Est-ce là le depost que vous auiez en garde,
Et qu'auec tant de soing l'on vous recommandoit?

Tant de pleurs respandus & tant de sacrifices,
Pour le faire marcher soubs vos diuins auspices.
N'ont peu vous obliger d'en prendre du soucy ?
N'auez-vous accepté mon encens ny mes larmes,
Que pour l'abandonner dans le peril des armes;
Et l'auez-vous receu pour me le rendre ainsi?

Mais l'excez des douleurs rend ma plainte indiscrette;
Pardonnez moy grands Dieux, celuy que ie regrette
Reçoit de vostre part vn traictement bien doux;
Ce Heros glorieux, dont la vie est si belle,
N'a quitté maintenant sa despoüille mortelle
Que pour auoir l'honneur d'estre pareil à vous.

Sans doute il est assis là-haut à vostre table;
Il y boit à longs traits d'vn Nectar delectable:
Et des biens eternels il est fait heritier:
Mais souffrez que ie sois auec luy transportée,
Car tandis qu'il viura separé de Panthée,
Vous n'aurez pas le bien de l'auoir tout entier.

Attendant que la mort vienne finir mes plaintes;
O beau corps tout percé de mortelles atteintes:
Reliques d'Abradate, Objet qui m'es si cher:
Pour les derniers honneurs que le deuoir m'ordonne,
Reçoy ces tiedes pleurs que mon amour te donne
Auecque ces cheueux que ie vay m'arracher.

SCENE

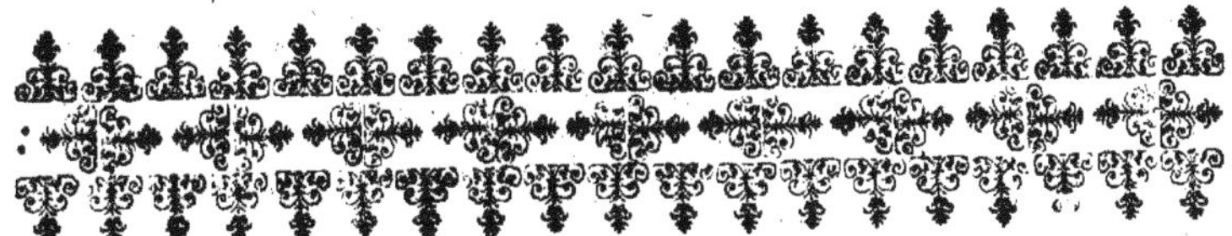

SCENE TROISIESME.

CHARIS, PANTHEE, ROXANE.

CHARIS.

VE faites-vous Madame? Et quel transport extresme
Vous fait cruellement agir contre vous mesme?

PANTHEE.

Charis, ie m'abandonne au cours de mon malheur;
Ie ne suis plus à moy, ie suis à la douleur.
Il faut que i'obeisse à ses loix les plus tendres,
Et que ie fonde en pleurs dessus ces cheres cendres.

ROXANE.

Pour quelque temps, Madame, il les faut arrester:
Voyez-vous pas Cirus qui vient vous visiter?

SCENE QVATRIESME.

CIRVS, PANTHEE.

CIRVS.

ADAME, auec vos pleurs ie viens mesler mes larmes
Sur vostre cher exspoux & sur mon frere d'armes.
Qui fut bien le plus noble & le plus vaillant Roy
Qui iamais tesmoigna son courage & sa foy:
Quelle perte, ô grands Dieux! quel accident funeste
Nous le rauit si tost?

PANTHEE descouurant le corps d'Abradate.

Voilà ce qu'il en reste.

CIRVS.

Ah Madame!

PANTHEE.

Ah Seigneur! voyez vn peu les coups,
Qu'auec tant de courage il a receus pour vous:
En ce corps tout sanglant, chaque atteinte mortelle
Montre s'il vous aymoit, & s'il vous fut fidelle.

CIRVS.

O vaillant Abradate! ô Prince genereux!
Qui fus auec excez de la gloire amoureux;
Sans doute tu deuois, ô grand homme de guerre!
Posseder ses faueurs plus long-temps sur la terre:
Nous deuions mettre ensemble, apres ces grands combats,
Les murs de Babylone & ceux de Sardes bas;
Et sans que iamais rien nous mist en jalousie,
Partager entre nous le reste de l'Asie;
Tousiours tes interests auroient esté les miens;
Et i'aurois prodigué mes forces & mes biens
Paur te placer au rang des plus heureux Monarques
Que le Ciel ayt soumis à l'Empire des Parques.
Mais par cét accident, les Astres ennemis
Sans rompre l'amitié, diuisent les Amis,
Ton merite tousiours viura dans ma memoire,
Et mille monumens eleuez à ta gloire

Se couuriront de marbre afin de faire foy
Que i'eus beaucoup d'estime & d'amitié pour toy.

PANTHEE.

Ah! vous l'honnorez trop par ces bontez insignes;
Ses seruices, Seigneur, n'en ont pas esté dignes.
Mais sans le coup fatal qui me le vient d'oster,
Il auroit essayé de les mieux meriter.

CIRVS.

Madame, pleut aux Dieux que selon mon enuie
La moitié de mon sang luy pust rendre la vie,
Ie ne tarderois guere à le resusciter,
Vous n'auriez pas le temps de m'en solliciter.
Pour soulager ensemble, & mon dueil, & vos peines,
Ie me ferois sur l'heure ouurir toutes les veines.
Mais le pesant sommeil qui luy ferme les yeux,
Les priue pour iamais de la clarté des Cieux.
Maintenant nos regrets, nos souspirs & nos larmes,
Pour r'animer son corps sont d'inutiles charmes.
Il est vray qu'à bon droit vous pleignez son trespas,
Ma timide raison ne vous console pas:
En cette occasion ie commettrois vn crime,
Si ie ne trouuoy pas vostre ennuy legitime.
Ne tirannisez point de si iustes douleurs,
Retenant par respect vos souspirs & vos pleurs:
Ce vif ressentiment accroist vostre merite,
Ie ne censure pas des choses que i'imite.

Il faudra qu'en ces maux le temps & la raison
Agissent à loisir pour vostre guerison.

Mais cependant Cresus dans Sardes se renferme,
Sa derniere disgrace est proche de son terme,
Ses soldats effroyez sont en diuision,
Et ie dois me seruir de cette occasion:
Le suiure, l'assieger, le forcer & le prendre,
Tandis qu'en ce desordre il ne se peut deffendre;
De peur que reprenant des forces & du cœur,
Il reuint en estat de vaincre son vainqueur.
“ Lors qu'au mestier de Mars les iugemens s'égarent
“ Les fautes que l'on fait à peine se reparent.
Ie me seruirois mal de la faueur des Dieux
Si ie ne me rendois le maistre de ces lieux:
Et manquant en vn poinct de telle consequence,
Ie me ferois blasmer de beaucoup d'imprudence.

Ie suis par ces raisons pressé de vous quitter:
Mais ce ne sera pas sans vous faire escorter
De dix mille des miens, dont le secours fidelle
Soit que vous retourniez sur les riues d'Ebelle,
Ou que vous vouliez voir le Palais paternel,
Vous y sçaura fonder vn repos eternel.
Madame, en quelle part prendrez vous vostre route?

PANTHEE.

Seigneur, de ce dessein ie suis encore en doute!

Il eſt vray que deuant que vous puißiez partir,
Ie croy que ie pourray vous en faire auertir.

CIRVS.

Vous plaiſt-il vn des miens?

PANTHEE.

Il n'eſt point neceſſaire.

CIRVS.

Qu'Hidaſpe, s'il vous plaiſt, ait ſoin de ceſt affaire?

PANTHEE.

Ie ne reſiſte point à vos commandemens:
Mais pour me laiſſer libre en mes reſſentimens
Tandis que ie donne air au dueil qui me tourmente,
Il ſe pourra tenir au dedans de ma tante.

CIRVS.

Cirus ſe retire.

Il eſt pour vous ſeruir & pour vous honnorer.

HIDASPE.

Madame, en quel endroit me dois-ie retirer?

PANTHEE.

Allez auec les miens au long de ce riuage,
Afin qu'en liberté ie pleure mon veufuage.
Que i'embrasse ce corps où mon cœur se mouuoit;
Que ie baise ce sang où mon ame viuoit,
Et blasme en liberte, dans de si grands desastres,
La Fortune, la Mort, les Destins, & les Astres:
Quand il en sera temps ie vous appelleray,
Et vous sçaurez alors quel dessein ie feray.

CHARIS.

Madame, auec sujet tout le monde aprehende
Que dans les mouuemens d'vne douleur si grande,
Et qui combat si fort contre vostre raison,
Vous tombiez sans secours dans quelque pâmoison.

PANTHEE.

Charis, vous sçauez bien qu'à garder le silence,
La douleur retenuë acroist sa violence:
Souffrez que librement elle puisse esclater,
Elle est comme vn torrent qu'on voudroit arrester;
A son cours violent ie veux ouurir la bonde;
Faites pour mon repos retirer tout le monde,
Aportez pres de moy ces vases seulement,
Et qu'on me laisse seule en mon ressentiment.

ROXANE.

Madame, quel moyen que l'on vous abandonne?
Que ie demeure au moins pres de vostre personne.

PANTHEE.

Ah! que vous m'affligez auecque vostre soin,
Durant ce iuste dueil vous me verrez de loin.

CHARIS.

Araspe, esloignons-nous, car son humeur austere
Abhorre les tesmoins en ce triste mystere.

ARASPE.

Alons, belle Charis, & prions bien les Dieux
De calmer son esprit, & d'essuyer ses yeux.

PANTHEE seule.

Que leur despart m'est doux en ma belle entreprise!
Et que i'ay de bon-heur de me voir en franchise!
Maintenant, ô beau corps, priué de sentiment,
Ie te puis de mes pleurs arrouser librement;
Ie te puis tesmoigner sans en estre empeschée,
Commẽt au dernier poinct ton mal-heur m'a touchée,
Et comme la rigueur qui t'a priué du iour
Ne sçauroit amortir l'ardeur de mon amour.

Ton

Ton visage changé n'a point changé mon ame,
Tu n'es plus rien que glace & ie suis toute en flame:
Mon cœur est tout ouuert des coups qui t'ont blessé,
Bien que tu sois party, ie ne t'ay point laissé;
Mon esprit suit tousiours ton ombre qui s'enuole,
Et ma bouche mourante à la tienne se cole.
Mais tu verse du sang quand ie te viens baiser;
Par là de ton malheur veux tu point m'accuser?
Ah! cét indice seul donne assez de lumiere
Pour monstrer clairement que ie suis ta meurtriere.
Il est vray, t'inspirant vn funeste dessein,
Ie pratiqué le fer qui t'a percé le sein,
Il faut le confesser, ie suis ton homicide,
I'attentay sur ta vie en te rendant perfide,
Ie fus l'occasion de ce funeste effet,
I'aßignay sur ton sang ta debte d'vn bien-fait.
Pour obliger Cirus qui m'auoit asseruie,
I'engageay leschement ton honneur & ta vie:
On te verroit encore aßister ton party
Sans mes inuentions qui t'en ont diuerty;
Ce fut à ma priere & par mon industrie,
Que tu te resolus de trahir ta patrie;
De quitter au besoin tes amis affligez
Et d'oublier tes Dieux qui s'en sont bien vengez.
Maintenant Cher espoux pour reparer ce crime
Il faut que ie commette vn meurtre legitime.
Ie te veux appaiser par vn noble trespas,
Ie me veux desrober pour te ioindre là bas;

Et te dire à iamais auecque repentance,
Que ie ne failly point sans beaucoup d'innocence.
I'en atteste les Cieux, & ce coup sera foy
Qu'au moins ie n'ay peu viure vn seul iour apres toy

SCENE CINQVIESME.

ROXANE, CHARIS, ARASPE, HIDASPE, & des SOLDATS.

ROXANE.

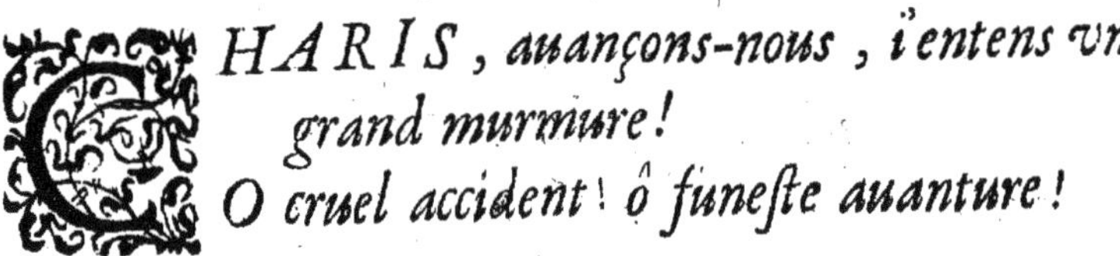

C*HARIS, auançons-nous, i'entens vn*
grand murmure!
O cruel accident! ô funeste auanture!

CHARIS.

Charis & Roxane s'éuanoüissent aupres de Panthee.

O de tous nos mal-heurs, le mal-heur le plus grand!
Qui le plus nous afflige & le plus nous surprend.

ARASPE.

Quel accident nouueau les trouble dela sorte?
Quoy, la Reyne est blessée? ô grans Dieux elle est morte.
Ses yeux n'ont plus d'esclat; son teint est sans couleur;
Vn eternel glaçon luy rauist la chaleur.
O triste euenement d'vn espoir ridicule!
O trop facile Araspe! ô Cirus trop credule!
Deuois-ie pas preuoir le coup de son trespas?
Deuois-ie en ce peril l'abandonner d'vn pas?
Ne sçauois-ie pas bien qu'Amour l'auoit vnie
Auecque son Espoux d'vne ardeur infinie;
Et que depuis sa perte elle sechoit d'ennuy
D'estre encore vn moment sans se rejoindre à luy?
O gloire de ton sexe! ô miroir de ton Age!
O merueilleux esprit! ô genereux courage!
Ayant perdu l'espoir que tu me viens d'oster,
En ton ressentiment ie te veux imiter:
Car ceste mesme ardeur qui t'empesche de viure,
Au poinct de ton depart me contraint de te suiure.
Malgré tous les efforts de ton cruel orgueil
Ie te veux adorer au delà du cercueil.
Et donner par ce coup vne preuue euidente
Que contre mon amour la mort est impuissante.

HIDASPE.

Dieux! c'est vn accident qu'on ne peut empescher,
Il s'est precipité du haut de ce rocher,

Apres s'stre percé d'vne mortelle attainte.
De deux morts à la fois il a finy sa plainte.
Auancez vous soldats, cherchez-le promptement,
Et voyez s'il luy reste encor du sentiment:
Courez, il ne faut pas qu'il manque d'assistance;
Viste, & qu'on le secoure auecque diligence.
Quel desastre? ô Cirus, comment l'apprendras-tu
Sans que ce rude coup esbranle ta vertu?
Vous autres, emportez & le corps de la Reyne
Et ses filles d'honneur dans la Tante prochaine.

FIN.

NIL SOLIDUM.

ERRATA.

En la page 3, lige 16, faut *on* pour *ou*. à la page 16, ligne 11, lisez *vostre* au lieu de *nostre*. à la page 24, ligne 19, lisez *conceura* au lieu de *conseruera*. page 33, ligne 7, lisez *secours* pour *discours*. page 50, ligne 22, faut *à* pour *en*. page 68, ligne 10, lisez *En* au lieu *Et*: en la ligne 12, lisez *Et*, au lieu *En*.

A IESVS-CHRIST, dans vne maladie.

SOuuerain Medecin des ames & des corps,
Inépuisable fonds de lumiere & de vie,
Grand Dieu, vostre bonté maintenant vous conuie
D'ouurir en ma faueur vos celestes tresors.

De mes longues erreurs ie sens vn vif remors,
Et de mille autres maux cette attainte est suiuie:
Rendez-moy vostre grace & ma santé rauie,
Vous qui pouuez d'vn mot ressusciter les morts.

Mais vn si grand pecheur a-t'il bien eu l'audace
D'oser vous demander vne si grande grace,
Et doit-il obtenir tant d'effets de pitié?

Seigneur, qu'en mes ennuis humblement ie reclame,
Exaucez pour le moins, ma priere à moitié;
Laissez languir mon corps, & guerissez mon Ame.

TOMBEAV

De feu Messire François de Bridieu, Abbé de sainct Leonard, Intendant de la maison de Monseigneur l'Archeuesque de Reims, &c.

SONNET.

FRANCOIS, dont la franchise & la fidelité,
Les nobles sentimens, & l'humeur liberale,
Se faisoient admirer d'vne voix generale;
A passé de la vie à l'immortalité.

Vn cheual ombrageux, d'vn bruit espouuanté
Precipita ses iours d'vne cheute fatale:
Mais par cet accident, vne terreur brutale
Mit vn esprit fidelle en lieu de seureté.

L'Esperance & la Foy, sur des aisles de flame,
Au sejour du repos esleuerent son ame:
Son Maistre & ses Amys luy fermerent les yeux.

O contre-coup heureux! ô cheute fauorable!
Il tira de son mal vn bien incomparable,
Repoussé de la Terre, il bondit dans les Cieux.

PRIVILEGE DV ROY.

LOVIS PAR LA GRACE DE DIEV, ROY DE FRANCE ET DE NAVARRE. A nos amez & feaux Conseillers, les gens tenans nos Cours de Parlement, Maistres des Requestes ordinaires de nostre Hostel, Baillifs, Seneschaux, Preuosts, leurs Lieutenans, & tous autres de nos Iusticiers, & Officiers qu'il appartiendra, Salut. Nostre bien amé Augustin Courbé Libraire à Paris, nous a fait remonstrer qu'il desireroit imprimer, *Vne Tragedie intitulée, Panthée, composée par le Sieur de Tristan l'Hermite*, S'il auoit sur ce nos Lettres necessaires, lesquelles ils nous a tres-humblement supplié de luy accorder: A CES CAVSES, Nous auons permis & permettons à l'exposant d'imprimer, vendre, & debiter en tous les lieux de nostre obeyssance ladite Tragedie, en telles marges, en tels caracteres, & autant de fois qu'il voudra, durant l'espace de sept ans entiers & accomplis; à compter du iour qu'elle sera acheuée d'imprimer pour la premiere fois, & faisons tres-expresses defences à toutes personnes de quelque qualité & conditiõ qu'elles soient, de l'imprimer, faire imprimer, vendre ny distribuer en aucun endroit de ce Royaume durant ledit temps, soubs pretexte d'augmentation, correction, changement de tiltre, ou autrement, en quelque sorte & maniere que ce soit, à peine de quinze cens liures d'amende, payables sans déport par chacun des contreuenans, & applicables vn tiers à nous, vn tiers à l'Hostel Dieu de Paris, & l'autre tiers à l'exposant; de confiscation des exemplaires contrefaits, & de tous despens, dommages & interests: A condition qu'il en sera mis deux Exemplaires en nostre Bibliotheque publique, & vne en celle de nostre tres-cher & feal le Sieur Seguier, Chancellier de France, auant que de l'exposer en vente, à peine de nullité des presentes: du contenu desquelles nous vous mandons que vous faciez iouyr plainement & paisiblement l'exposant, & ceux qui auront droit d'iceluy, sans qu'il leur soit fait aucun trouble, ny empéchement. Voulons aussi qu'en mettant au commencement, ou à la fin du Liure vn bref extraict des presentes, elles soient tenuës pour deuëment signifiées, & que foy y soit adioustée, & aux coppies d'icelles, collationnées par l'vn de nos amez & feaux Conseillers, & Secretaires, comme à l'Original. Mandons aussi au premier nostre Huissier ou Sergent sur ce requis, de faire pour l'execution des presentes, tous exploits necessaires, sans demander autre permission; Car tel est nostre plaisir, nonobstant oppositions ou appellations quelconques, & sans preiudice d'icelles, Clameur de Haro, Chartre Normãde, & autres Lettres à ce contraires. Donné à Paris le vingt troisiesme de Fevrier l'an de grace mil six cens trente huict. Et de nostre regne le vingt-huictiesme.

Par le Roy en son Conseil.

Signé, CONRART.

Les Exemplaires ont esté fournis, ainsi qu'il est porté par le Priuilege.

Acheué d'imprimer le 10. iour de May 1639.

www.ingramcontent.com/pod-product-compliance
Ingram Content Group UK Ltd.
Pitfield, Milton Keynes, MK11 3LW, UK
UKHW020923180726
13838UKWH00002B/721

9 782329 376714